JN038915

LET'S DISCUSS FEMINISM!!

田嶋先生に人生救われた私がフェミニズムを語っていいですか!?

200歳まで生きてほしいです!

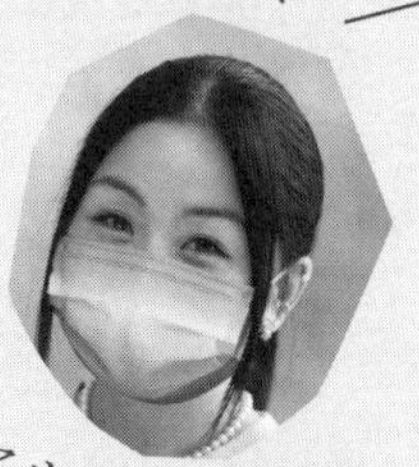

アルテイシア

そんな大事業はごめんです(笑)

田嶋陽子

KADOKAWA

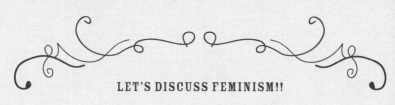

目次

第3章
男女は見ている景色が違い過ぎる

第4章
生きづらいのは私のせいじゃない

第5章

私たちの怒りは喉元まできている

はじめに

アルテイシア

「田嶋陽子さんって昔バッシングされてたんですね。全然知りませんでした」若い人からそんな言葉を聞くたび、田嶋陽子の再評価が間に合ってよかったと思う。

田嶋さんは今も元気ハツラツな81歳で、このままだと200歳まで生きそうだ。対談の中で「200歳まで生きてほしい」とお願いしたら「そんな大事業はごめんです」と断られたけど、できればゾウガメぐらい長生きしてほしい。

1976年生まれの私が子どもだった頃にテレビで大活躍していた彼女は、日本で一番有名なフェミニストであり、日本で一番叩かれたフェミニストでもあった。世間やメディアからフルボッコにされても、フェミニズムを前に進めるために闘い続けてくれたのだ。それを今の若い人たちは知らない。20代の女性たちにヒアリングしたところ、こんな声が寄せられた。

「関東では『そこまで言って委員会』を放送してないし、田嶋さんの存在を知る機会がなかったです」

「田嶋さんのことをきちんと認識したのは雑誌『エトセトラ VOL. 2』が出たあたりです。私が生まれる前に大人気だったこともバッシングがひどかったことも『エトセトラ』を読んで知りました」

「二階堂ふみさんとの対談を読んで、日本にもこんなかっこいいフェミニストがいたんだ！と衝撃でした」


そんな彼女らに田嶋さんをもっと知ってほしかった。私がなぜ田嶋陽子に人生救われたのか、この対談を通して伝えたかった。

前世のように遠い記憶だけど、高校生のとき、テレビで聞いた彼女の言葉をよく覚えている。

「この前のローマのレイプ事件でもそう。みんな女子大生を責めて、チャラチャラしているからってね。でもね、いくらカギしめてないからって人の家にドロボーに入ってもいいの？ やっぱり悪いのはドロボーでしょ？ 責められるのはカギしめ忘れた人じゃないでしょ？ ドロボーでしょ？」

30年前の日本にもセカンドレイプに怒る女性がいたのだ。この言葉がなければ、私も性被害に遭うのは女のせいだと刷り込まれていただろう。

田嶋さんは著書『女は愛でバカになる』でこう書いている。

〈マスコミを始め世間の人たちは「男にのこのことついていく女たちが悪い」と女子大生たちを責めた。そしてレイプされた女子大生のお母さんまでが「あんたが、だらしがないからいけないんだよ」と娘を叱ったのだそうだ。私はテレビ番組や雑誌などで反論した。（略）後で知ったことだが、そのお母さんは、テレビで私の考えを聞き、自分が間違っていたと分かって、娘に謝ったそうだ〉

そこから20年以上たった2018年、ジャーナリストの伊藤詩織さんに、その事件の被害者から応援する手紙が届いたそうだ。田嶋さんがつないでくれたフェミニズムのバトンは、世代を超えて女たちに届いている。

10代の私にとって田嶋陽子はタレント的な存在だった。当時はインターネットもない時代で、彼女がすばらしいフェミニズムの名著を書いていることは知らなかった。

対談でも話したが、新入社員だった頃、会社の先輩に勧められて田嶋さんの本を読んだ。先輩が勧めてくれたのが田嶋さんの本でラッキーだった。なぜなら、めちゃめちゃ面白かったから。田嶋さんは自分の言葉で自分の体験からフェミニズムを語っていた。もしあのとき「フェミニズムって面白い！」と思わなければ、「小難しいしつまんないな」と思っていたら、私はフェミニストになっていないかもしれない。

当時『もう、「女」はやってられない』の中の「自分の足を取りもどす」というエッセイを読んで「お前は俺か」とびっくりした。ちなみに先日20代女子に「学生時代、憧れの先輩の下駄箱に手紙を入れてね……」と話したら「下駄で通ってたんですか?」とびっくりされた。私は下駄で通学していないが、田嶋さんは子ども時代を下駄で過ごしたそうだ。そのせいで幅広の大足になって靴選びに苦労した、という話に25・5センチの大足を持つ者として「わかる!」と膝パーカッションが止まらなかった。

〈「女」とは小さな女、小づくりな女、男の手の中にスッポリおさまる女、男が犬や猫をかわいがるようにかわいがりたいときに気ままにかわいがれる女。高いヒールで危なげに歩く女、ちょっとひと押しすればもたれかかってくる女、頼ってくれる女、たえず男に優越感を抱かせてくれる女、男が護《まも》ってやりたくなる女。護ってやるかわりに、フロ、メシ、シンブンと命令すれば犬が棒を拾いにいくようにたちどころに準備してくれる女。男が思いのままに扱える女、要するに支配できる女、そういう女が男にとっての「女」であり、シンデレラのガラスの靴が履ける女なのだ。ハイヒールはそういう「女」のシンボルだと言ってよい。女が「小さい」というのはかわいがられやすいこと、裏を返せば支配されやすく見えることである。護ってやるというのはそうした支配を正当化するための方便である〉

この文章を読んだとき、長年のモヤモヤが言語化されてスッキリした。もちろん田嶋さんは

「女はハイヒールを履くな」と言ってるんじゃなく「男に都合よく女を纏足（てんそく）するな」と言っているのだ。以前の対談のときにも「ハイヒール履きたかったら履けばいい。で、苦しかったらよせばいい。その自由があることが大事」と話している。

田嶋さんは40代になって、ようやく自分の足に合う黄色い靴に出会う。その靴を履くといくらでも歩けることに有頂天になり、腸の動きも活発になり、ぷうっとおならが出たと書いている。20代の私はそれを読んで笑っていたが、40代の私は「わかる」と真顔で共感する。この年になると体中のパッキンがゆるむため、ふとした拍子に屁が出るし、便が出たかもとドキッとする。そんな肉体のSF（すこしふしぎ）現象に戸惑いつつも、私が加齢を恐れないのは、田嶋さんのような素敵な大先輩がいるからだ。

〈口のわるい友人は、この黄色い靴をカレーライスの色だとかウンコの色だとか言う。考えてみれば最後の比喩は正しい。ヒールを捨て「小さめ」の婦人靴を履かなくなったことで、やっといま私は一つの現実を選択し、長いあいだの自己分裂から解放され、生《せい》の便秘を終えようとしているのだから〉

ウンコは茶色では?と思いつつ、この便秘の比喩にも膝パーカッションした。田嶋さんは「自分にとって本を書くことがセルフカウンセリングだった」と話しているが、私は彼女が生み出した言葉を読むことで、長年の宿便が出たようにスッキリした。

また私は両親ともに遺体で発見された女だが、フェミニズムに出会ったおかげで、親の人生を理解できて救われた。その出会いのきっかけとなったご本人に感謝を伝えられてよかった。

本書では、真面目にやってても「ふざけてる?」と聞かれる私と、怒ってないのに「怒ってる」と言われる田嶋さんがフェミトークに花を咲かせている。かつて嵐のようなバッシングに胃を痛めて山奥にこもっていたという大先輩に「山姥《やまんば》みたいですね!」と返すなど、おのれの歯に着せる衣のなさにびっくりである。そんな私に田嶋さんは励ましの言葉をたくさんかけてくれた。その言葉に読者の皆さんも励まされると思う。

対談で「先生が生き残ってよかったです」と発言したが、これが私の本音である。元祖「わきまえない女」が生き残って、今もガハハと陽気に笑って、ヘルジャパン[*1]にガチギレていて本当によかった。

皆さんも笑ったり怒ったりしながら、一緒に楽しんでもらえると幸いです。

はじめに注釈

＊1【ヘルジャパン】アルテイシアがよく使用する言葉で「地獄みの強い日本」という意味。

LET'S
DISCUSS FEMINISM!!

第1章

フェミニズムに救われた

フェミニズムは生きるための心の杖だった

アル　今日は田嶋先生がずっと書かれていたように、フェミニズムは私たちから遠い学問ではなく、日々の生活や人生に直結しているもの、役に立つものなんだ、という話を楽しくできたら嬉しいです。田嶋先生のファン代表として、これまでのフェミニズムについて伺いたいですし、今のリアルなフェミニズムについて私からお伝えして、ご意見を伺いたいです！

田嶋　はい、がんばります。

アル　私、真面目にやっててもふざけてる？と聞かれる人間なので、失礼なことを言ってしまったらすみません。最初に謝っておきます。

田嶋　私も怒ってないのによく怒ってるって言われるから、びっくりしないでね。子どもの頃、親にも先生にも話を聞いてもらえなかったから、だんだん声が大きくなっちゃって。教師のときは1000人が入る教室でもマイクがいらなかったから便利だったけど。

アル　声量がすごい！　そうやって大きな声を出せる女性が少なかったから、1990年代に田嶋先生がすごく人気だったと思うんです。まず、私が先生を知ったきっかけについてお話ししたいんですけど、会社員になってすぐの2000年頃に、アメリカで女性学を学んだ女性の先輩が田嶋先生の本を紹介してくれて。それが私とフェミニズムとの出会いでした。

田嶋　へぇ〜。どの本を読んでくれたの？

アル　『もう、「女」はやってられない』[*1]です。

田嶋　これを真っ先に読んだの？　『雪国』とか『カルメン』とかをフェミニズムの視点から見た本。これ、全然売れなかった。面白いのに（笑）。

アル　全然売れなかったのか（笑）。こんなに面白いのに。

田嶋　そう、多分女の人が「男は王侯貴族、女は奴隷」って言葉に、プライドを傷つけられたんだと思う。

アル　その表現はすごくわかりやすいじゃないですか。先生の言葉って「穴と袋」[*2]「女はパンを、男はパンツを」[*3]とか、キャッチーに言い表されているから、多くの人に響いたんだと思います。

田嶋　そうかな？　そう言ってくれる人がいる一方で、反発も多かった。

アル　以前も[*4]お話しさせていただいたんですが、私の母はすごく綺麗な人だったんですよ。彼女は23歳で専業主婦になり、40歳で夫から離婚されてしまって、お酒に溺れて自傷行為をするようになりました。中学生の私は「お母さん、自分の足で立ってよ」って思っていて。でも大人になってフェミニズムに出会って、母は足を奪われたんだって気がつきました。

田嶋　あなたのお母さんの時代だと、自己決定権を奪われていたと思う。

アル　1950年生まれの母には、結婚して夫に養われる以外の選択肢がなかったんですよね。その後、母は拒食症になり50代で亡くなってしまって。母の遺体が発見された部屋は壁一面に20代のギャルが着るような服がかかっていました。母は「若く美しい女が男に選ばれてハッピーエンド」というジェンダーの呪いにかかったまま死んでしまったんだなって。

田嶋　お父さまはどうだったの？

アル　父はお坊ちゃん育ちの経営者でした。彼は「浪速の石原慎太郎[*5]」みたいな、男らしさの呪いを煮込んだような、家父長制の肥溜めみたいな人物で。家庭に無関心な仕事人間で、商売が上手くいかなくなって、最後は自殺してしまったんです。

田嶋　お父さまも「男は強くあるべき」「稼げないなら男失格」という「男らしさ」のジェンダーの呪いにかかっていたのね。

アル　そのせいで誰にも助けを求められなかったんだと思います。私は30代で母を、40代で父を亡くしましたが、フェミニズムを学んでいたので、親の死の意味を理解できて救われました。もしフェミニズムを知らなかったら「親に愛されなかったのは私が悪い」「親があんな死に方をしたのは私のせいかも」と自分を責めて苦しんだと思います。なにぶん毒親育ちなもので、子どもの頃から自尊心が息をしてない状態でしたし、20代はセクハラ・パワハラのセパ両リーグみたいな職場で働いて虫の息でしたね。でもフェミニズムに出会って「私、怒ってよかったんだ」って気づいて、その発見が「ユリイカ！」[*6]でした。

田嶋　よかった！　自尊心を取り戻せたんだね。

アル　自分が悪いんじゃなく、足を踏んでくる方が悪いと気づけたし、「痛いんだよ、足を踏むなよ」と抗議できるようになりました。だから私にとってフェミニズムは「生きるための心の杖」みたいな存在です。その出会いのきっかけとなった田嶋先生に圧倒的感謝です！

田嶋　こちらこそありがとう。そういう理解者がいてくれたことがどんなにありがたいか。

アル　２００歳まで生きてほしいです！

田嶋　そんな大事業はごめんです（笑）。

茶碗を洗いながら泣いていた母親の姿

アル　先生は92歳までは生きるって決めてらっしゃるんですよね。

田嶋　そう。46歳で初めて母に「NO」を言えてね。母親との関係の苦しみから卒業できたというか、本当の意味で自立できたのが46歳だった。それまでは気持ちが自由にならなくて。悔しいから倍の92歳までは生きてやろうって。今81歳だから、あと11年か……（笑）。

アル　がんばって長生きしてください（合掌）。46歳までお母さまに「NO」を言えなかったのはなぜなんですか？

田嶋　それくらい母の抑圧がすごかったんだと思う。今から考えてみると、母は世間そのものだった。

アル　「母＝世間」「母＝男社会」だった。

田嶋　そう、だから母は世間様の言うことをそのまま信じて、それで私をしつけようとした。「女らしくしなさい」「女らしくしないとおヨメのもらい手がないよ」って脅した。母は世間の手先で、私を男社会で生きやすい女に仕立て上げようと必死だった。だから夜、寝ていてうなされるときはいつも胸の上に地球儀みたいなものがのしかかってきた。苦しかった。

アル　『愛という名の支配』[*7]でも、〈「母性」は男社会が認めた唯一の女の権利〉[*8]と書かれてましたね。お母さまも、女には「母性」しか許されない家父長制の被害者だった。

田嶋　そう。ところが、その「母性」の中味も男社会の出先機関みたいなところがあって、自由な子育てができるかというと、結局女は男社会が望むような人間作りに協力せざるをえなかった。母は娘を世間が気に入るような「女らしい女」に育てないと、白い目で見られてしまうから。

アル　お母さまは田嶋先生を「女らしい女」「良いお嫁さん」になるように育てようとされたんですね。

田嶋　『愛という名の支配』にも書いたけど、母は母で女らしさの呪いに苦しんでいた。母は私が小さい頃から体調が悪かったんだけど、調子が良いときは台所に立って茶碗を洗ってて。そのとき「なんでお母さんだけが茶碗のおしりをなでていなきゃいけないの？」って泣いてた。

アル　お母さまも社会からの女性への抑圧に薄々気づいていたんですね。

田嶋　私は当時10歳で、10歳の女の子なんて世間の影響を丸ごと受けてるから「お母さんって茶碗を洗うもんでしょ」って思ってて、なんで母が泣くのかわからなかった。でも母が泣くことは、子どもにとって天地がひっくり返るようなとんでもないことだったのね。

アル　コペルニクス[*9]ですね。

田嶋　あの強い母が「茶碗を洗いたくない」って泣いてたことが、私のフェミニズムの原点。ずっとそのことに疑問を持ちながら生きてきた。

アル　お母さまは「茶碗を洗いたくない」と言いつつ、一方で娘に「女らしい女」になることを求めたんですか。

田嶋　そう。母には自我はあったけど、それはフェミニズムとは結びつかなかった。教育がなかった。母は戦争中に疎開して人に食べさせてもらうことが屈辱だったから「ちゃんと自立した女の人にならなきゃいけない」って私に勉強もさせようとしてきた。でも一方で「女らしい女の子になっていいお嫁さんになりなさい」とも言ってくる。当時は何もわからなくて苦しいだけだったけど、今から思えば、青信号と赤信号を同時に出されていたようなものだったとわかる。

アル　進みながら止まれなんて、そんなトンチは一休さんでもとけませんよ。現代の女性も「社会で活躍して輝きながら、結婚出産して家族の世話もしろ」と無理難題をふっかけられて苦しんでますよね。

良妻賢母の呪い

アル　結婚して間もない頃、夫の母がぶどうを持ってきて、夫のために皮を剥き始めたんです。赤ちゃんやないんやぞ？とびっくりしました。

田嶋　あはは。でもお義母さまの世代はそうやって「良いお母さん」を演じるしかなかったからね。

アル　私は義母に「二度とぶどう買ってこないでください」と、ぶどう禁止令を出しました。

田嶋　言えたの？　すごいねぇ（笑）。

アル　80代の義母はいつも「あ〜忙しい忙しい」と愚痴りながら、やらなくていいぶどうの皮剥きみたいなことまでやってしまう。うちの夫は私に女らしさや妻の役割を押しつけないので、一緒にいて楽ちんな気の合う相棒なんですけど。でも結婚した当初はイライラしましたね。たとえば、夫の歯ブラシがヤマアラシだったんです。毛がバッサバサの状態で「何磨くねん、これで」みたいな。というのも、独身時代は母親が勝手に歯ブラシを替えてたんですよ。だから「歯ブラシは1カ月に1回替えるんやぞ」とか、なんでこんなことから教えなあかんのかと呆れました。でも「あなたのような母親が息子をダメにするんだ」と戦中生まれの義母を責めるのも酷ですし。

田嶋　良妻賢母が息子から生活能力を奪ういい例ですね。

アル　それで何もできなくなった男性の尻ぬぐいさせられるのは妻や周囲の女性だし、セルフケアできない男性は捨てられて、最後は孤独死して畳のシミに……みたいなことも起きてしまう。父の遺書が発見された部屋はゴミ屋敷状態だったんですよ。配偶者のいない男性、つまりお世話係の女性がいない男性は健康を害して早死にするというデータがありますが、そのお手本のようでした。

田嶋　私に言わせれば、結局、昔の男は腹の底から女を軽蔑していたわけ。なぜかというと、良妻賢母の妻と母の役目をさせられている女は、経済力も地位も財産もないでしょ。しかも嫁に来るってことは、自分の家からも出されてきてるわけだから。

アル　女には居場所がないわけで、夫しか拠り所がなくなってしまう。夫に生殺与奪の権を握られてるから、ストックホルム症候群[*10]みたいに、ひどい夫でも愛して尽くすように洗脳される。

田嶋　だから家父長制の中で、女は天涯孤独なんだよ。いったん生まれた家を追い出されたら、受け止めてくれる相手は夫しかいない。夫は全権を託されるわけだから、妻を煮て食おうが焼いて食おうが自由。だからあなたのお母さまのように男の性欲を刺激する若くてセクシーな女になるか、お義母さまのように息子のぶどうの皮剥きまでお世話する自分なし女になるか、生きる道はそれしかなかった。

アル　まさに「穴ｏｒ袋ｏｒＤＩＥ」ですね。古より男は女を穴か袋として見ていて、人間として見ていないから、無意識に女を軽蔑していると。その自覚のない男性は多いでしょうけど。それで「いや俺は女は好きだよ？」とか言うおじさんがいるから、始末に負えない。

田嶋　男は「女は穴としてセックスさせてくれるもの」だと思ってる。たとえば高級レストランに連れて行けばヤラせてくれるものだと思ってるから、させないと怒るわけ。

アル　いまだに奢ることやプレゼントがセックスの対価になると思っている男性は少なくないです。だから勝手に奢ってきてセックスを断られると不機嫌になる。「穴のくせになんで断るんだ」ってことですよね。

田嶋　そうなの、女に断る選択肢はないと思ってる。「奢ってやったのに、プレゼントしてやったのに、なんでセックスさせないんだよ。お前ら穴はセックスさせるのが役目だろう」って。

アル　ミソジニー[*11]な男性やモラハラ夫は、女は男が支配できる所有物であり、思い通りになって当然だと思っている。だから女が思い通りにならないと「自分の権利を奪われた！」と逆ギレして、被害者意識を持つんですよ。

田嶋　最初から男性にとって女性は人間じゃない。カッコつきの「女」なんだよね。自分はカッコつきの「男」かつ「人間」だけど、女性のことは自分と同じ人間だとは思ってない。

アル　だから「あなたは知らないみたいだけど、女も人間なんですよ」ってところから説明しないとダメなんですよね。女は女を特別扱いしてくれとか優遇してくれとか言ってるんじゃない。「人間扱いしてくれ」と言ってるんです。私たちは男の性欲を満たすための道具じゃない、男の種を残すための機械じゃない、男の世話をするためのロボットじゃないと。

田嶋　あなたがよく言うように、結婚した女が背負わされてきた家政婦・保育士・看護師・介護士・娼婦の5つの役割は全部「女らしさ」の範疇に入るけど、それはあくまで男社会が押しつけてきた良妻賢母の役割であって自分が選んだ人生とは違うんだよね。

アル　この5つの役割を外注したら月100万円かかってもおかしくないのに、女はずっとタダ働きさせられて、家という檻から出たくても出られなかった。「誰が食わしてやってるんだ！」と夫に殴られても、耐えるしかなかった。

田嶋　結婚して専業の主婦になれば、経済力を奪われて一人では生きていけないから、従うしかなくなる。まさに奴隷だよね。それをフランスの作家ブノワット・グルーは「女は最後の植民地」と言ってる。

アル　私は母のことが嫌いだったけど、母も被害者なんだと今ではわかる。経済力を奪われ、足を奪われ、「家父長制」という檻に閉じ込められた母の痛みは、全ての女性の痛みなんですよね。

田嶋　そう、女はみんな男社会の被害者なんだよ。

アル　それなのに、わかりあえない。母は娘に「あなたは奴隷になってはダメ、この檻から出て行きなさい」と言って育てたにもかかわらず、娘が働いて自立すると「そんなに仕事ばかりしてたら結婚できない」「そろそろ孫の顔が見たい」とプレッシャーをかけてくる。

田嶋　自分も苦しんだけど、世間が認める女の生き方が結婚しかなかったから、食っていくために結婚を勧めてしまうんだよ。

アル　娘が結婚や出産をしないと、自分の人生を否定されたように感じるんでしょうね。母と娘は別人格なのに、バウンダリー（境界線）がわかってない。「檻から出て行け」と育てておいて「やっぱり戻ってこい」ってどっちやねんな！と娘は混乱しますよ。

田嶋　まさに青信号と赤信号のダブルバインド[*12]だよね。

そもそもジェンダーって何？フェミニズムって何？

アル　私は12年ほど前から「フェミニズムについて書きたい」って出版社に提案してたんですけど、「そんなの売れるわけない」って見向きもされなかったんです。でもここ数年で、フェミニズムやジェンダーに関する執筆・取材・講演の依頼がジャンジャン来るようになって「ジェンダー知らなきゃヤバい時代がやってきた」と危機感を抱く人や組織が増えていることを実感してます。先日は某有名男子校で授業をしたんですけど、男の子たちがすごく熱心に聞いてくれて、休み時間まで並んで質問してくれました。

田嶋　いい男子校だね。

アル　この本を手に取ってくれた人の中には、ジェンダーやフェミニズムのことをよく知らない人もいると思うので、私がいつも話している内容を紹介させてください。

田嶋　うんうん、お願いします。

アル　緊張しちゃうわ（笑）。えーとまず、生まれたときに割り当てられた性別を、セックス（SEX）、社会的文化的に作られた性差をジェンダー（GENDER）と言います。ジェンダーバイアス（性差に対する固定観念や偏見）をわかりやすく言うと「男らしさ／女らしさ」「男／女はこうあるべき」といった「型」みたいなものです。そういう型を押しつける社会では、型にはまらない人は「男／女のくせに」と叩かれます。たとえば「女のくせに料理もできないなんて」「稼げないなんて男失格だな」みたいに。そんな世界は生きづらいじゃないですか？　だからジェンダーによる偏見や抑圧をなくそう、みんなが自分らしく自由に生きられる社会にしよう、という話なんですよと。

田嶋　そう、男らしさ／女らしさという生き方の押し付けが、結果としては、男女間に格差を作ることになる。

アル　男も女もそれ以外もみんなそれぞれ違う「人間」として見ようって話なんですよね。たとえば、ピンクが好きな息子さんが保育園にピンクの服を着ていったら「男の子なのに変」と言われて泣いて帰ってきた、という話を聞いたことがあります。「女の子はピンク、男の子はブルー」と2つに分けるんじゃなく、黄色、緑、オレンジ、マゼンダ、ビリジアン……いろんな色が存在するカラフルな社会。「みんな違って当たり前」が当たり前の社会。誰も排除されない、みんなが共生できる社会を目指すのがフェミニズムですよ、と説明してます。

田嶋　そのとおり。違いは個性。お互いに大事にしようって。

アル　この話をしたときに、高校生の男の子から「男らしくありたい男性もいますよね、そういう男性は自分を否定されたように感じるんじゃないですか？」と良い質問をされたんですよ。

田嶋　良い質問。そこは誤解されがちだから。

アル　めっちゃ誤解されがちだけど、フェミニズムは個人の生き方や選択を否定するものではなく、むしろ真逆で、個人の選択を尊重しようという考え方なんですよ。たとえば男の子がキャッチボールを好きでもいいし、人形遊びを好きでもいい。メイクや脱毛をしたい女性はすればいいいし、したくない女性はしなくていい。それぞれが好きなものを選べる社会、「男／女は○○するべき／するべきじゃない」と強制されない社会を目指すものなんですよと。

田嶋　男らしさや女らしさに縛られずに、個々が自分らしさを自由に選択できる社会を目指すのがフェミニズムですよ。

アル　あと、そもそも男らしさって何？って話ですよね。たとえばパワフル、打たれ強い、度胸がある、リーダーシップがある、意見をハッキリ言う……そういうのは性別関係なく人間の長所ですよね。でもそれを「男らしい」と括ってしまうと、そうじゃない男性は「男のくせに」「女々しい」「女の腐ったような」と揶揄されて排除される。同時に、パ

田嶋　ワフルな女の子は「女の子なのに元気すぎる」と揶揄されたり、意見をハッキリ言う女性は「女のくせに生意気だ」と排除されたりしてしまう。

「男らしさ」は良い面だけ見ると、人間の資質として最高のものばかり集めてある。リーダーシップがあるとか、理性的とか、頭が良いとか。「男らしさ」っていうのは自立している人間の特性であって、実際、自立している女の人はみんな「男らしい」。一方「女らしさ」は全部「誰かに良くしてあげること」。たとえば「気配り」や「気遣い」って、相手を意識した言葉でしょ。女だけに「女らしさ」を求めるなんて、もうやめるべき。たしかに相手を思いやることは素晴らしいことだけど、それを女だけに押しつけたらいけない。女の人は生真面目に「女らしさ」だけを生きてしまうと、自立した一人前の人間になりにくくなる。

アル　「女の子はおしとやかに」という言葉も「女は出しゃばるな、目立つな、わきまえていろ」って呪いになります。「細かいこと気にしなくても」と言う人もいるけど、言葉は文化を作りますから。だから私は「女子力が高い」「男気がある」みたいな言葉は使わずに「度胸があるね」とかそのまま褒めるようにしてます。前に中学生の男の子が「お菓子作りが好きなんだけど、女子力高い（笑）と言われるのがイヤだ」と話してくれました。そう言われるのがイヤで、彼はお菓子作りやめてしまうかもしれない。逆に「美味しいね」「すごいね」と褒めてもらえれば才能を伸ばせるかもしれない。女の子だけじゃなく、男の子も翼を折られるんですよ。

田嶋　そうだね、男の子だって「男らしく」が抑圧になる人もいる。だからムリして男らしくしなくていい。自分のままでOK。自分で足りないところがあると思ったらそこを伸ばせばいい。そっか、中高生にそういう授業をしてるんだ。いいねぇ。

アル　男の子は特に「へぇ〜男も生きやすくなるんだ！」という発見があるみたいです。あと、中高生は女性差別と言われてもピンとこないんですよ。というのもジェンダーギャップ指数[*13]を分野別に見ると、日本は教育と健康のスコアは優秀だけど（146カ国中、教育は1位、健康は63位）、政治と経済のスコアがとんでもなく低いんですよね（政治は139位、経済は121位）。

田嶋　社会の仕組みを作る側、決定権を持つ場に女性が少なすぎる。

アル　だから学生時代は女性差別を感じたことがなかったけど、いざ社会に出て男尊女卑にぶん殴られて「この世界は地獄だ」と気づくんですよね、女の子は特に。

田嶋　社会で働いてみないと見えないことは多い。特に女性は結婚出産前後に差別の壁にぶち当たる人が多いでしょう。

アル　そうなんですよ。だから「女性差別なんてまだあるの？　フェミニストが騒いでるだけ

田嶋 でしょ」と感じる若い人は多いと思う。中高生に授業をすると「フェミニストのイメージが変わりました」という感想をよくもらうんですね。「文句ばっかり言ってる、男嫌いの過激な女性というイメージを持っていたけど、よく知らずに誤解していた自分を反省しました」と感想をもらって、冥土の土産にしよう……と涙しました。

アル まだ冥土に行くのは早すぎる（笑）。

田嶋 長い間フェミニストは「男の敵」「男嫌い」とレッテル貼りをされてきたけど、フェミニストの敵はセクシスト（性差別主義者）です。フェミニストが憎んでいるのは男性ではなく、性差別や性暴力であり、その構造やそれに加担する人たちです、と説明してます。

アル そのとおり。説明が板に付いてますね。

田嶋 めっちゃ褒めてもらってるけど、私にフェミニズムを教えてくれたのは田嶋先生なんですよ（笑）。

テレビは拡声器だった

アル　先生はテレビに出ることで、フェミニズムを多くの人に伝えられたと思うんです。テレビ出演の背景を改めてお話しいただいてもいいですか。

田嶋　就職した法政大学の同僚に、駒尺喜美《こましゃくきみ》[*14]さんという私が尊敬しているフェミニストがいて、フェミニズムを広めるためにどうしようかと一緒に考えていたんだけど、フェミニズムの本を書いたって、学者の場合は2000部くらいしか売れないわけ。大学で講義をしても30人程度のゼミで、大教室の講義で1000人くらいのこともあるけど、数としては少ないでしょう。だから駒尺さんと2人で漫才をやろうって言ってたの（笑）。

アル　阿佐ヶ谷姉妹[*15]みたいな（笑）。

田嶋　そんな話をしているうちに、「花婿学校[*16]」で教える機会があって。結婚相談所からきた男性職員たちが「ヨメさんが来ない」ってさわいでいたから、駒尺さんや私が「これからは男の人が変わらないと良い結婚はできないから、よく考えて」って講義をしたの。私の講義を5回にわたって取り上げてくれた東京新聞の記事を『笑っていいとも[*17]』のスタッフが読んだみたいで、その番組に呼ばれたのが、私のはじめてのバラエティでのテレビ出演になったわけ。その前はNHKで『英語会話Ⅱ』の講師をやってたんだけどね。

アル　テレビを全然見ないから「森田一義[*18]って誰？」って知らなかったんですよね？

田嶋　そう（笑）。ウッチャンナンチャン[*19]のことも「ウンチャンナンチャン」って呼んだり、笑福亭鶴瓶[*20]さんのことも「つるべえさん」って呼んだりしてた。それを笑われてもなんで笑われてるのかわからない、そんな状態で出たの。そしたら1時間の番組で4コーナーあったんだけど、気がついたら私一人で1時間を使い切っちゃってた。

アル　先生の話が大受けして、鶴瓶さんは「新しいスターが生まれた」と言ってたと。

田嶋　駒尺さんとは「強固な土台ができている女性差別は、NHKの教育番組で話したり、ちょっと本を書いたりしたくらいではどうにもならないから、世間に笑い飛ばしながら伝えていくしかない」って話してたのね。そんなとき、偶然、テレビ出演の話がきた。

アル　「テレビは拡声器だから」ってお話ですよね。

田嶋　そう、よく覚えてるね。『TVタックル[*21]』は「視聴率1％が100万人」の時代に20％とることがあった。でも実際にテレビに出始めたらつらくてね。私のキャラクターや風貌もいわゆる女らしさとはかけ離れていたし。最初の『笑っていいとも』だけはみんな大喜びしてくれたけど、そのあとは色々大変だった。邪魔ばっかりされて、言いたいことが最後まで言えなかった。でも駒尺さんが「一度に一つだけ（伝えたいことを）言って、100回出ればいい」って言ってくれたの。

田嶋　実際は100回以上出てらっしゃいました。

アル　でもいつも一言発言すると、ワーッと攻撃されてなかなか思うようにはいかなかった。

田嶋　当時のテレビ業界は、今よりもっとひどい男社会でしたもんね。

アル　男の人たちが全然話を聞いてくれなくて。男の人たちは私に歯向かうことでファンが増えると思ってるから、私みたいな人間をやっつければいいと思ってるわけ。女の人にも嫌われたし、女性の俳優さんたちも私と話したら男に嫌われると思って、廊下ですれ違ってもみんな顔をそむけていくの。

田嶋　10代の私は「こんなふうに言ってくれる人がいるんだ……闘う女、かっこいい！」と痺れて憧れてたんですけど。女性たちは本当に田嶋先生のことが嫌いだったのでしょうか。

アル　オープンに私のような人を好きとは言えない時代だったから、陰でこっそり「実はファンです、応援してます」と声をかけられたりしてね。

アル　隠れキリシタン[*22]みたいな。田嶋先生のことを知る人は口をそろえて「とにかくあの人は繊細だ」と言う、と『エトセトラVOL.2[*23]』には書かれてます。それこそテレビに出てバッシングされていた時期は、胃が痛くておかゆしか食べられなかったそうですね。

田嶋　仕事が終わると山にこもってね。

アル　それほど傷ついたのに、フェミニストとして矢面に立ち続けて、今も保守色の強い『そこまで言って委員会NP』[*24]にレギュラー出演してらっしゃるじゃないですか。先生はなぜあの番組に出てるんですか？

田嶋　理由は『TVタックル』を続けたのと同じ。『そこまで言って委員会NP』は大阪での収録中に腹が立って、途中で席を立って帰ったこともある。私の主張をキチンと聞かないで、ただ反対さえすればお役ごめんみたいなそういう人たちがいた。『TVタックル』の余韻を引きずってたのかもしれないけど。でもそのたびにプロデューサーが東京まで説得にきて。そのうちに一つでも言いたいことが言えたらいいと思うようになって。まあ番組構成から言うと、毛色の変わってるのを一人おいておきたいんでしょうね。

アル　番組としては人気者の先生に出てほしいし、ガンガン怒ってほしいんだと思います。

田嶋　でも近頃は「その手には乗らないよ」って（笑）。

アル　先生をヒール役みたいに利用するな！と言いたいですよ。そんなに怒ってないときでも「CMの後、田嶋激怒」みたいなテロップをつけられたりしてますし。

田嶋　私は今81歳で『そこまで言って委員会』に出始めて19年目なんだけど、もしかしたら私がヨレヨレになるまで根比べすることになるのかな。

アル　根比べ。三宅久之[25]さんも亡くなられる直前くらいまで出演されてましたよね。

田嶋　最後の方は車椅子で来てた。三宅さんは、私がシャンソンのコンサートをやると、花と一緒に手紙も贈ってくれたんだけど「この手紙は必ず皆さんの前で読んでください」って断り書きがあって。私もバカ正直にその場で開けずに、いざコンサートが始まって開けてみたら「皆さんこんな下手な歌をよく聞きに来てくださいました」って書かれてたの（笑）。

アル　それはウィットにとんでますね（笑）。

田嶋　三宅さんとはヒートアップして私が「ハゲ」って言っちゃったことがあるんだけど、「僕はあなたのことをブスだと思ってはいても、ブスだって言ったことはありません！」って、ことさらブスブスと巧みに言い返されたこともあった。

アル　舛添要一[26]さんの場合は、舛添さんが先に「ブス」って言ったのに、先生が「ハゲ」って言い返したことだけが人々の記憶に残ってるんですよね。

田嶋　そう。誰も言い返さないからよく覚えてるんだけど。石原慎太郎さんや野坂昭如[27]さんもテレビでは私とバンバン言い合うんだけど、みんな陰で謝ってくるの。石原慎太郎さんは阿川佐和子[28]さんを通じて謝ってきた。

アル　自分で謝れって話ですよね。

田嶋　そう、テレビだと世間の目を意識するから、男を演じてみんな私のことをバッシングするじゃない。謝るなら人を介さないで、その場で謝れって感じだよね（笑）。

アル　そうやって先生が闘ってくれたことに励まされた女性はたくさんいます。20代の友人のお母さんは、夫がクズだったけど子どもが3人いたので離婚に踏み切れなくて。あるとき図書館で先生の本を読んで「離婚しよう」と決意したそうです。それからシングルマザーとして必死に子どもを育てあげて「今の自分が幸せなのは田嶋先生のおかげだ」と言ってたそうです。

田嶋　振り返ると、テレビ出演は「たった一人のフェミニズム運動」だったのかなと思う。最初はみんなと手をつないで一緒にやってたんだけど、私がテレビに出てバッシングを受けると、まわりに、いわゆるフェミニストたちは誰もいなくなった。その代わりに「楽になった」「救われた」って言ってくれる一般女性たちが出てきた。

アル　以前の対談で先生が〈私自身はめちゃくちゃに誹謗中傷されたけど、なかにはそうやってちゃんと受け取ってくれた人もいた。一粒の麦じゃないけど、それだけでいいと思うの。ちょっとぐらい苦労しても、ありがたかったなぁと思うよ[*29]〉っておっしゃっていたとき、後光が差してましたよ……（合掌）。

30年前の予言がズバリ的中

アル　私は20代だった頃、田嶋先生ご自身の経験や苦しみから生み出された言葉に救われました。今から30年前に書かれた『ヒロインは、なぜ殺されるのか』[*30]のフェミニズム批評はすごく刺激的でしたし、「自分の足を取りもどす」[*31]では#KuToo[*32]を予言するような文章を書かれてますよね。だからここ数年で『エトセトラ　VOL.2　特集：We♥Love 田嶋陽子！』が刊行されるとか、田嶋先生が再評価されていることが本当に嬉しくて。ご自身は再評価についてどう思われてますか？　戸惑いみたいなものはありましたか？

田嶋　戸惑いはなかったね。日本はあの頃からそんなに変わってないから「ああ、やっぱり！」って感じで。

アル　たしかに。進んだこともあるけど、むしろ後退してると思うこともあります。2000年代以降のフェミニズムに対するバックラッシュ[*33]、ネオリベ政治家によるジェンダーフリーバッシングや性教育バッシングは特にすさまじかった。2006年から2022年の間にフランスはジェンダーギャップ指数を70位から15位まで順位を上げたのに、日本は79位から116位まで下げてますよね。

田嶋 この前、ある新聞からインタビューを受けて「さんざん笑われていたことをどう思いますか?」って聞かれたから、「このまま女性を一人前扱いしない社会のままでいると、日本国は片翼飛行で墜落するぞ!って予告したけど、そのとおりになってきた」っていう話をした。

アル 予言がズバリ的中したんですね。

田嶋 その間に私をテレビで攻撃してた人たちはみんな死んじゃったけど。

アル みんな死んじゃったけど、先生が生き残ってよかったです。

田嶋 でも日本の状況はどんどん悪くなって、国力も落ちているでしょう。国民の半分は女性。その半分の女性の力を十分に生かさないと。

アル 世界中でジェンダー平等がどんどん進んでいるのに、日本は置いてきぼりナウですよね。有効な少子化対策も打たれないままで、その結果、沈没していくタイタニックなヘルジャパン。

田嶋 地獄を予言したら、本当にそのとおりになってきた。

アル 先生が30年前に書かれた文章を今読んでも膝パーカッション[*34]するのは、それだけ社会が変わってないから。いつまでたっても、おじさんのおじさんによるおじさんのための国ですよね。それでも２０１７年に黒船のように＃ＭｅＴｏｏ[*35]がやってきて、第４波フェミニズムと呼ばれる時代になり、田嶋先生の再ブームが間に合ってよかったです！

田嶋　政治はダメでも、近頃の女の人たちの社会進出は素晴らしいよね。それを生かさない手はない。１９８０年と２０２１年を比べると、専業主婦世帯は約２分の１に減っていて、その分、共働き世帯が２倍にまで増えている。

アル　女性たちは変わってきている、次は男性が変わる番ですよ、と言いたいです。

第1章注釈

＊1【『もう、「女」はやってられない』】（講談社）。
＊2【「穴と袋」】「男性にとって女性は穴と袋」と言及した。穴＝性欲処理の対象、袋＝子どもを産む機械。
＊3【「女はパンを、男はパンツを」】女性は自分で食べていくための経済力を身に付け、男性は自分の身の回りのことを自分でできるようになるべき、の意味。
＊4『フェミニズムに出会って長生きしたくなった。』（幻冬舎）所収の対談。
＊5【石原慎太郎】1932-2022年／元東京都知事・作家。
＊6【ユリイカ！】古代ギリシャ語で「わかった！」の意味。
＊7【『愛という名の支配』】単行本は1992年太郎次郎社より、文庫版は2019年新潮社より改訂版刊行。韓国版2022年、中国版2023年刊行。
＊8『愛という名の支配』（新潮社）p73。
＊9【コペルニクス】1473-1543年／ポーランドの天文学者／地動説を唱えた。
＊10【ストックホルム症候群】監禁されている被害者が、加害者と時間を共にするにつれて好意や親近感を覚えてしまうこと。
＊11【ミソジニー】女性蔑視、女性嫌悪。
＊12【ダブルバインド】2つの相反するメッセージを送られ混乱する状態。二重拘束。
＊13【ジェンダーギャップ指数】世界経済フォーラムが発表。政治・経済・教育・健康の4つの分野ごとに男女間で平等であるかを数値で示している。0が完全不平等、1が完全平等。
＊14【駒尺喜美】1925-2007年／元法政大学教授、近代文学研究者、女性学者、ライフアーチスト／『〈魔女〉が読む源氏物語』（家族社）、『魔女の論理』（学陽書房）等。

＊15【阿佐ヶ谷姉妹】渡辺江里子と木村美穂の2人組のお笑いコンビ／『阿佐ヶ谷姉妹ののほほんふたり暮らし』（幻冬舎）

＊16【花婿学校】1989年より12年間、日本青年館結婚相談所を事務局として開催。樋口恵子・斎藤茂男・板本洋子が運営。女性学及び男性の生き方探しをテーマに講座を展開。

＊17【『笑っていいとも』】『森田一義アワー 笑っていいとも！』1982-2014年。月〜金の昼12時からフジテレビ系で放送されていたバラエティ番組。

＊18【森田一義】1945年-／お笑いタレント・テレビ司会者／愛称「タモリ」。

＊19【ウッチャンナンチャン】内村光良と南原清隆のお笑いコンビ。

＊20【笑福亭鶴瓶】1951年-／落語家・タレント・司会者。

＊21【『TVタックル』】『ど-する⁉TVタックル』として1989年に始まり、『ビートたけしのTVタックル』として1991年よりテレビ朝日系で放送。政治や経済の討論番組。

＊22【隠れキリシタン】江戸時代に禁教令によってキリスト教が弾圧されていたにもかかわらず、密かにキリスト教を信仰していた人々。

＊23【『エトセトラVOL．2』】エトセトラブックスより、2019年に刊行されたフェミニズムマガジン。特集は「We♥Love 田嶋陽子！」。

＊24【『そこまで言って委員会NP』】読売テレビにて放送。2003年に『たかじんのそこまで言って委員会』として放送開始。社会問題・政治・経済など幅広く取り扱う討論番組。

＊25【三宅久之】1930-2012年／政治評論家、コメンテーター／『三宅久之の書けなかった特ダネ』（青春出版社）、『ニュースが伝えない政治と官僚』（青春出版社）等。

＊26【舛添要一】1948年-／元東京都知事。

＊27【野坂昭如】1930-2015年／作家、歌手、作詞家、タレント、政治家／『エロ事師たち』（講談社→新潮社）、

『アメリカひじき・火垂るの墓』（文藝春秋→新潮社）等。

＊28【阿川佐和子】1953年－／エッセイスト、小説家、タレント／『ビートたけしのTVタックル』にレギュラー出演。

＊29『フェミニズムに出会って長生きしたくなった。』（幻冬舎）p336

＊30【『ヒロインは、なぜ殺されるのか』】単行本は1991年新水社より、文庫本は1997年講談社より刊行。2023年KADOKAWAから新版として復刊。10本の映画から女性抑圧を分析した本。

＊31【「自分の足を取りもどす」】『もう、「女」はやってられない』（講談社）所収。

＊32【#KuToo】女性が職場でヒールやパンプスを強制されていることに抗議する社会運動。俳優・アクティビストの石川優実が発起人。

＊33【バックラッシュ】反動や揺り戻しを意味し、ジェンダー平等に反発する動きをジェンダーバックラッシュと呼ぶ。

＊34【膝パーカッション】「わかる！　わかる！」と共感して膝を打ち鳴らすこと。

＊35【#MeToo】2017年に広がった性暴力被害の経験を告白する際に使われたハッシュタグ。

「女らしさ」は全部「誰かに良くしてあげること」。たとえば「気配り」や「気遣い」って、相手を意識した言葉でしょ。女だけに「女らしさ」を求めるなんて、もうやめるべき。たしかに相手を思いやることは素晴らしいことだけど、それを女だけに押しつけたらいけない。女の人は生真面目に「女らしさ」だけを生きてしまうと、自立した一人前の人間になりにくくなる。

（田嶋陽子）

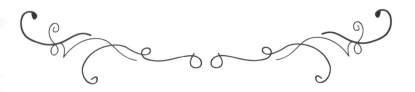

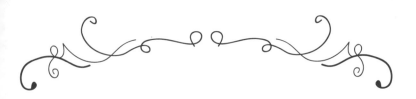

女は女を特別扱いしてくれとか優遇してくれとか言ってるんじゃない。「人間扱いしてくれ」と言ってるんです。私たちは男の性欲を満たすための道具じゃない、男の種を残すための機械じゃない、男の世話をするためのロボットじゃないと。

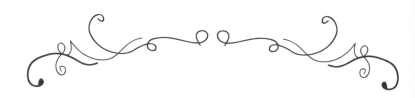

（アルテイシア）

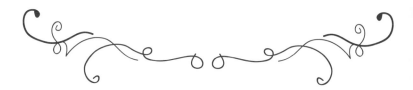

**LET'S
DISCUSS FEMINISM!!**

第2章

結婚したい？したくない？

「女はパンを、男はパンツを」

田嶋　男の人が女の人を軽蔑してるのは、やっぱり稼いでいなかったからだと思うの。専業主婦の家事労働を年収に換算すると約300万円[*1]って言われてるじゃない。

アル　外で働けば賃金が支払われるのに、専業主婦だと無償労働、タダ働きなんですよね。

田嶋　子どもたちも「お母さんはお父さんに馬鹿にされてる」「お母さんは自分の意見もない」「家の中でお父さんの言いなりになってる」って気づいちゃって、お母さんを大好きな子は別だけど、そうでなければ、だんだんお母さんのことを軽蔑するようになっちゃう。

アル　父親と母親の関係を見て、子どもは男尊女卑を学んでしまいますよね。

田嶋　そう。だから女の人がそんな理不尽な状況に疑問を持たず、タダ働きに抗議したり家事労働代を請求したりしないのはよくないと思う。

アル　大ヒットした『逃げ恥[*2]』でもそういうテーマを描いてましたね。女性が「タダ働きっておかしくね？」と疑問を持っても「食わせてもらってるくせに文句言うな」と世間や周りが許さなかったんだと思います。

田嶋　そんなに食ってないって。女の人が出産を機に仕事をやめて専業主婦になると、1・2兆円の経済損失[*3]が国にあるの。

アル　専業主婦になると生涯賃金で2億円、損するなんてよく聞きます。2億円あったらどれだけのものが買えるか。

田嶋　それはフルタイムで定年まで働いた人と、子育てがひと段落ついてからパートで働きだした人との生涯賃金の差ですね。女性が働いてきちんと税金をおさめるようになったら国の経済状況も良くなると思う。そのためには、まず行政が子どもを持つ女性たちの働きやすい環境を整えていかないと。

アル　女性はずっとそう訴えてきたのに、全然追いついてないですよね。マタハラ[*4]、マミートラック[*5]、ワンオペ育児といった問題も深刻だし、待機児童も数としては減ってるけど、現実には入りたい保育園に入れないという問題がまだまだ残ってます。

田嶋　女性が働きやすい環境を整えて、女性が働くのを当たり前にしないと日本はダメになると思う。お嫁さんになって夫に養ってもらうなんて、奴隷になることだって子どもの頃から教えないとね。それにパートで働くだけだと老後の生活が不安定なものになるし。

アル　田嶋先生は昔から「女はパンを、男はパンツを」っておっしゃってますよね。

田嶋　そう。女は自分のパンを自分で稼いで、男はパンツを洗え、すなわち家事育児もする。

アル　日本の女性は家事育児を男性の5倍以上も担っていて、日本の男性の家事育児時間は世界一短いと言われています。そこには長時間労働とジェンダーの問題、両方がありますよね。日本は「KAROSHI」という言葉を輸出しているぐらい、長時間労働がヤバい国です。ただ『どうして男はそうなんだろうか会議』[*6]でも語られているように、データを見る限り、男性は労働時間が減っても、家事育児の時間が必ずしも増えるわけではない。「長時間労働のせいで、男性はやりたくてもやれない」ではなく「労働時間にかかわらず、やらない男性はやらない」わけです。また男性が無業で女性だけが有業の世帯でさえも、女性の育児時間の方が長い。無職でも育児しないって、どうして男はそうなんだ!?と暴れたくなりますが……。

田嶋　それだけ「家事育児は女の仕事」というジェンダーロール（性別役割分業）が根強いからだね。要するにその男たちのお母さんは男児に生活自立を教えなかった。嫁さんにしてもらえ、と言わんばかりに。従って、めぐりめぐって今でも女性の半分は結婚退職や妊娠退職をして、フルタイムの正社員を辞めて、子育て後に非正規雇用で働く人が多いでしょ？　だから生涯賃金、2億円の損失になるんだよね。

アル　そうですね。日本は働いている女性は多いけど、働く女性の半数以上が非正規で、男性と比較すると約2・5倍となります。非正規雇用で働く人の7割は女性です。そうやって女性はいつでも切れる「雇用の調整弁」にされてるんですよね。コロナ禍では非正規の女性が仕事を失い、女性の自殺が増えました。今の時代は非正規になりたくてなってる人は少ないです。

田嶋 かつては子育てや介護のために非正規になってる人が多かった。

アル それが今ではそうでもないんです。就職氷河期[*7]で、男女ともに正規雇用に就けなかった世代もあります。たしかに出産を機に離職する女性は多いけど、それは出産後も働き続けられる環境じゃないから。子どもが保育園に入れなかったり、マタハラやマミートラックのせいで辞めざるをえなかったりと、そういう話は周りにもゴロゴロあります。たとえば、女友達は上司に「きみは子どもを産んでも働き続けるというワガママを通すんだから」と言われて望まない部署に左遷されて、給料も減らされました。そうやって働きたいのに働けない状況に追いつめられる、これは女性の意識の問題じゃなく、政治や社会に問題がありますよね。

田嶋 ちょっと昔は「結婚がダメなら仕事、仕事がダメなら結婚」みたいに考えてる女性も多かった気がするんだけど、今の若い人たちの置かれた状況は違うんだね。

アル 今は男女ともに給料が下がって、家族を養える男性が激減してますよね。若い世代は「専業主婦なんて特権階級、結婚か仕事か選べるような甘い時代じゃない」って気づいてます。でも親世代は「女は結婚すれば何とかなるわよ」「パンがなければパンツを洗えばいいじゃない」とアントワネット[*8]みたいなこと言うんですよ。

田嶋　お母さん世代は夫のパンツを洗うしか選択肢がなかったんだろうね。女も結婚して子どもを産めば、世間も認めてくれてなんとか生きていけるよってアドバイスするしかなかった。

アル　でもそのアドバイスを真に受けると、なんとかならなくて人生詰むことになる。だから自分を守るためには、ちゃんと学んで考えるしかないですよね。

田嶋　そう、やっぱり小さいときからジェンダー教育が必要。女も仕事を持って働くのが当たり前って教育を受けてる人と、結婚か仕事かと思ってる人とでは、生き方が違うだけでなくて、生涯賃金も変わってきて老後の安定度も変わってくる。結婚によって二人で一人前になるのと、一人一人自立した人間同士が一緒になるのとでは、人生の自由度も豊かさも違ってくると思う。

アル　一生自分でパンを稼いでやる、自分の船の船長は自分だって覚悟があれば、他力本願じゃなく自力本願で生きられるし、キャリアプランや人生の設計図を描きやすいですよね。

配偶者控除はなくすべきか

田嶋　私は「これまでの日本における結婚は奴隷制度だ」と言っていかないといけないと思う。自分のパンを稼げない専業主婦にはならない方がいいって。

アル　データを見ると専業主婦の割合は減っていて、2020年では23・3％です。[*9] 専業主婦世帯と共働き世帯の数は20年以上前に逆転して、今は夫の収入だけでは生活できなくなってるので、結婚後も働いている女性が多いです。

田嶋　でもまだ配偶者控除はあるんでしょう？　働かないで夫に尽くす女性を妻にした男性を優遇する税制度と言っていいのかな。配偶者控除は、所得税・住民税・社会保険料を免除していて、かつ、企業には配偶者の年収が一定以下の場合に支給している家族手当があるでしょ。

アル　企業戦士と専業主婦をセットにするために国が作った仕組みですよね。

田嶋　配偶者控除は「女性は夫に尽くすことが正しい生き方」って考えを強調している制度だと思う。マスコミもずっと「女は結婚して専業主婦になるべき」って洗脳してきた。税金を控除する代わりに、女性を家事労働でタダ働きさせる制度の中では、女性は経済力を奪われて、その結果一人の人間として自由に生きられない。

アル　103万円の壁や130万円の壁に阻まれて、それ以上働く方が損をするから、もっと働きたいのに働けない。それで「私なんて稼げないから」と自信を奪われて「だから夫に尽くさなきゃ」と理不尽な扱いに耐える女性もいっぱいいる。でも稼げないのは女性に能力がないからじゃなく、国が女性から経済力を奪う仕組みを作ってるからですよね。

田嶋　そう理解しているけど。

アル　恐ろしいぐらい優秀なパートのおばちゃんとか、めっちゃいるじゃないですか。そういう女性たちが自信を奪われるなんて理不尽すぎるし、社会にとっても損失ですよ。ただ、いま議論されている配偶者控除の廃止って本当に女性のためなの？と思います。現時点で生活がカツカツなのに「今から配偶者控除なくしますよ〜」と言われて、今すぐ正社員になれるか？今よりもっと稼げるか？というと、現実には難しい女性が多いですよね。コロナ禍でパートのシフトを減らされて、稼ぎたくても稼げない人もいっぱいいる。「女性活躍」というキラキラワードで粉飾して、削れるものは全部削ろうとしてるだけじゃないか、その前に最低賃金あげろよ！って思います。

田嶋　配偶者控除があると、女性は夫が控除を受けられるから、控除が受けられる103万と

アル か130万円以下しか働かないじゃないですか。それでは自立できないですよ。現実に家事育児の負担はまだまだ女性に偏りがちで、それを改善しないまま「女もみんなフルタイムで働け」なんて、青信号と赤信号を同時に出すようなものですよ。現状のまま配偶者控除がなくなると本当に困る家庭もあります。みんなそれぞれ事情があって、フルタイムで働けない人、非正規で働くしかない人もいっぱいいる。政府は削ることばっかり考えず、子育て世帯に金を出せ、子育ての負担を減らせ、賃金上げろ！と激おこですよ。しばき回してやりたい。

田嶋 いずれにしても企業戦士と専業主婦をセットにして二人で一人前にする古い税制度は女性の自立の視点でも考え直さないといけない。それにしても、あなたみたいに怒る女性がいるのは頼もしい。

アル 私はいつも元気いっぱいに怒ってます！ 「女性だけレディースデーがあるのは逆差別」とか言う男がいるけど、企業がレディースデーを作るのは女性の方が収入が低いから。男女の賃金格差は男性100：女性75・2[*10]というように、平均して男性の方が高収入です。もともと男性が優遇されてるわけで、日本は毎日がメンズデーなんですよ。

田嶋 膝パーカッション！

アル あ、膝パーカッションが出た（笑）。あと「女は格上婚を狙っている」と女を責める男もいるけど、平均して男性の方が高収入なんだから、女性が自分より高収入の男性とマッチングする率が高いのは当然なわけで。そもそもこれだけ出産後に女性が働きづらい社会で、子育てや教育にはクソほどお金がかかるし、パートナーの年収が高いに越したことないってそりゃ思うやろと。女を責める前に統計や構造を見ろよ、政治を責めろよと思う。

田嶋　色々な法改正や、アファーマティブアクション＊11やクオータ制＊12のような制度が必要だよね。

アル　クオータ制を女性優遇とか逆差別と言う人がいるけど、クオータ制は「今が偏りすぎだからなおそう」というものですよね。たとえば政治家や管理職の9割が女性、大臣や役員はおばさんとおばあさんばっかり。そんな絵面を想像すれば、偏りすぎだと気づきますよね。それが逆だと気づかないのは、生まれた瞬間から男尊女卑につかってきて、感覚が麻痺してるから。

田嶋　そう、特に男性は普通に生きてたらみんな差別に気づかないよ。

アル　「クオータ制にすると優秀じゃない女性が増える」という人がいるけど、実際は無能な男性を除外することになるので、仕事で役立つ可能性があるとロンドン・スクール・オブ・エコノミクスの調査で指摘されています。これまでずっと男性が優遇されてきた、それが可視化されたのが医学部の不正入試＊13ですよね。「2021年度の医学部の合格率が初めて男女逆転した」という報道を見て、どれだけ多くの女性が翼を折られてきたんだろう……と涙が出ました。私たちは女性を優遇してほしいんじゃなく、差別をなくしてほしいだけ。男性は徒競走だと思っているけど、女性の走るコースには障壁がたくさんあって、それをどけてほしいだけなんですよ。

田嶋　そのためには決定権を持つ場に女性を増やすしかなくて、やっぱり制度や法律を変えていくしかない。

稼いでいるから、ぶつかれる

田嶋　女はこれまで結婚で経済力を奪われタダ働きさせられて、自分なりの人生を生きられなかった。だから「結婚なんてしなくていい」って私はずっと思ってきたの。あなたはどうして結婚したの？

アル　私は毒親育ちだったので、家族が欲しかったんです。それを強く感じたのが、大学一年のときに阪神淡路大震災[*14]を経験したことで。親から逃げて一人暮らしをしていた私には、頼れる家族も帰るところもなかったんです。震災発生から3日後に、三宮でたまたま父とすれ違ったときに「なんや、お前生きとったんか」と言われて。そこから「何もかもぶっ壊してやる……!!」と破壊神のような勢いで、ビッチと化しました（笑）。

田嶋　そう、大変だったのね。

アル　大変だったんですよ、私まだ18歳の子どもだったのに。ゆきずりの男とヤりまくる私に「そんなの危ないよ」「自分を大切にして」と心配してくれる女友達もいたけど、親から死んでもいいと思われてる人間が、どうやって自分を大切にできるの？と聞きたかった。テレビでは「家族の絆」を強調する震災ポルノが流れていて、ますます孤独に追いつめ

田嶋　られました。そこからまあ紆余曲折あったんですが、「惚れた腫れたはいらない、家族が欲しい……ガハッ」と血を吐いていた29歳のとき、夫と出会って友情結婚みたいな感じで結婚して、そこから16年の月日が流れました。

アル　16年も続いてるってすばらしいね。最近の人の結婚ってどうなのかな？

田嶋　共稼ぎで家事育児を分担する夫婦が増えてますね。とはいえ大半の夫婦はスキルも当事者意識も妻の方が高いので、ぶつかることも多いです。でも女性も稼いでるから、ぶつかれるんですよね。

アル　なるほどね。経済力のない専業主婦は、我慢するしかないからね。

田嶋　女も稼いでるから言いたいこと言えるし、本音でぶつかりながら歩み寄りもできる。女友達とよく言ってるのが、夫の存在は「尊い」と「出ていけ」の反復横跳びだって（笑）。女が「出ていけ」って思えるのは稼いでるからなんですよ。

アル　そのとおり。対等に物を言うために経済力の影響は大きい。私は男の人に養ってもらったらもう終わりだと思う。それは穴と袋と家事マシーンになることで、丸ごと自分を売ってしまうような気がするの。

田嶋　夫に生殺与奪の権を握られてしまいますもんね。

アル　昔から結婚制度は男が女の生殺与奪の権を握る抜本的な手段だったと思う。女性にはパートをやらせておけばいいと思ってる人もいるけど、たとえば103万円以下で働いていれば税金がたくさん免除されて、そのぶん国の税収も減る。女性が働いても税金を支払わないってことは国の税収を減らしてるんだから、結局は国を疲弊させて、そのうち国は立ち行かなくなる。

アル 「男は仕事、女は家庭」という伝統的な家庭モデルでは出生率は下がっていく。無理なく共稼ぎしながら子育てできる社会にしないと、少子化は解決しない。少子化が進むと経済はどんどん沈んで国が沈没してしまう。ヨーロッパの国々は30年前からそれに気づいて対策を進めてきた。日本も早くしないとヤバいぞ……と田嶋先生始め、フェミニストの先輩方は警告してましたよね。

田嶋 「このままだと沈没するよ」って何度も言ってきた。それなのに男たちは聞く耳を持たず、女が子どもを産み育て働きやすい環境を整えないまま、人口減少はすさまじい勢いで進んでいる。

アル 「日本で子育てするのは無理ゲーだ」と子どもが2歳のときにスウェーデンに移住した、友人の久山葉子さんが著書『スウェーデンの保育園に待機児童はいない』でこんなふうに書いてます。〈スウェーデンに移住してきていちばん感動したのは、「とにかくいろいろな面で楽になった！」ということだ／スウェーデンには、無理なく共働きで子育てできる枠組みがあった/例えば、残業がなくて四時から五時には退社できる/スウェーデンだと、サービス残業などしようものなら、むしろ同僚たちから反感を買ってしまう。定時内に終えられないほどの仕事があるというのは、会社や上司の采配が悪いということだ/もうひとつ、スウェーデンに来て精神的に楽になったと思うのが、夫婦とも職場に対して「子育て中で申し訳ない」と思うことがなくなったことだ/スウェーデンでは男女とも育児休業をとるし、子供が病気になったら休む〉[*15]と。

田嶋 私もスウェーデンに行ったときは本当にびっくりした。午後4時頃には、父親も母親もベビーカーを押して公園を歩いてる。もっと驚いたのは、市役所みたいな公のところの仕事を夫と妻で分担してるから、どっちか休んでも引き継ぎがうまくできる仕組みになってた。1980年代ころかな、イギリスでも夕方のハムステッドヒースの公園を散歩していると、そこは夫婦とベビーカーでいっぱいだった。仕事の後、夫婦一緒に散歩して買い物して夕飯も作るんだって。日本から来たサラリーマン家庭は夫の労働時間が長いから、妻がいつも一人でベビーカー押して買い物してて、あわれまれてましたよ。

アル 「24時間戦えますか?」[*16]っていうモーレツサラリーマンにお世話係の女がセットの昭和モデル。おじさんたちが好景気のころの夢からさっさと覚めないと、日本は滅びる一択ですよ。

一人の大黒柱ではなく、二本の柱で生きていく結婚

田嶋　若い世代はその昭和モデルから脱却しかけているわけでしょ？　あなたやあなたより若い世代の女性にとって、働く意味はどんなところにあるの？

アル　私が20代だった頃はまだ「自己実現」「好きを仕事に」みたいな夢や憧れがあったけど、今は「そんな悠長なこと言ってられねえ、働かないイコール死」みたいな感じですね。とにかく将来不安がすごいです。たとえ今はそこそこの収入を得ていても、体を壊したりリストラされたりして働けなくなるかもしれない。だから男性に大黒柱になってほしいんじゃなく、２本の柱で支え合いたいから結婚したいという人が多いです。

田嶋　なるほど、それだけ経済的不安が大きいわけね。

アル　自分たちの老後は年金も破綻してるだろうし、国は２０００万貯めておけとかムチャ言うし、今は小学生すら老後の心配をしているそうですよ。

田嶋　へえ。若い人どころか子どもが老後の心配をしてるなんて……。

アル　なので、若い世代にとって結婚はリスクヘッジの一つでもあります。柱は１本より２本

の方が安心だよねっていう。指輪パカッされてプロポーズされてめでたしめでたし……みたいな夢や憧れはもうなくて、結婚しても3組に1組は離婚するし、先のことなんかわからないし、結婚して仕事を辞めるなんて怖くてマジ無理、専業主婦なんてリスクが高すぎます。

田嶋 ちょっと前までは、男の稼ぎだけで女房、子どもを養っていた。男は配偶者控除に助けられながら頑張ってきたけど、女房はタダ働きで、仕事につく自由はなかった。二人で一人。今の話を聞くと、今もやっぱり二人で一人の体制だけど、違うのは二人ともそれぞれ給与所得者であるということ。女性と男性は同じ働いている人として発言権は、比較的対等にある。その違いは大きいと思う。

アル 若い人の多くは、助け合う・支え合うパートナーがほしいって考え方ですね。「結婚せざるは人にあらず」という世間の圧は減ってきて、だから「結婚しないと恥ずかしい」みたいな理由ではなく、このヘルジャパンを一緒にサバイブするチームになろうぜ、おおー！みたいな感じです。

田嶋 ある意味、理想的！

アル 私は選択的子なしですが、チームとして子育てをする夫婦も多いです。育休を取る男性も増えてますよね。2020年の育休取得率は女性が81・6%、男性が12・65%です。

田嶋　12・65％という数字は過去最高だけど、取得期間は5日未満が約3割なので、やっぱり女性の育休とは大きな差があります。ただ私の周りでは、夫が長期育休をとるケースも増えてきてます。女友達は出産後半年で職場復帰して、夫が1年半の育休を取りました。

アル　それはいい。そういう選択が周りの目を気にしないでできるようになってほしいですね。

田嶋　産む以外は男性も全部できるんだから、男性に長期育休をどんどんとってほしいです。そしたら「男は仕事、女は家庭」というジェンダーロールも滅んでいくし。友人の夫は育休中のパパ友と子連れで出かけるとかしてますよ。

アル　男性にとっても、そういう新しい楽しみが見つかるはず。

田嶋　男性だって奴隷みたいに会社に使いつぶされる人生はつらいですよね。夜遅く帰って子どもの寝顔しか見られないなんて悲しいでしょう。それに妻側からの子育てしない夫に対する愛が冷めたという声はよく聞きますよね。逆に子育てをしっかりやってる夫は妻にも子にも愛されてます。男性こそ「子育てする権利を奪うな！」と声を上げてほしいですよ。

アル　ほんとそうだよ、男女ともに生き方の幅が広がるわけだからね。

田嶋　私の周りには、妻がメインで働いて夫がメインで家事育児をするカップルが何組かいます。そうやって得意分野で支え合えばいいですよね。この場合、夫側の「どうせ俺は君より稼いでないし」といじけないメンタルが大事ですけど。

田嶋 そういう面倒なこと言わないのは大事。その発言の背景には「稼いでない男は情けない」「男より稼ぐ女はかわいくない」みたいな男らしさ・女らしさの呪いが見えるよ。

アル 妻の方が高学歴高収入で仕事ができても、夫が劣等感を抱いたりせず、お互いに尊敬して感謝しあえる夫婦。そんな夫婦も徐々に増えてきてますね。

田嶋 共働きの夫婦の中には20代で家とかマンション買っちゃう人たちもいるからね。そういう人たちがどんどんメジャーな場に出てきて、ロールモデルになってくれるといいね。

アル 私の周りは血中フェミ濃度の高い女性が多いので、男女平等意識の高いパートナーを選んでます。「夫選びに成功した」とみんな言ってますよ。

田嶋 昔はどっちかというと「男に選ばれる」って考え方の女性が多かったけど、今はより多くの女性が主体的に男を選ぶ時代になってきた。そういう人たちの人口がもっとどんどん増えるといいね。

ジェンダーイコールな男子を一本釣り

アル　最近はマッチングアプリで婚活して、パートナーをゲットしている人が多いです。

田嶋　なるほど。選択肢が日本全国の男たち？

アル　そこに無限の可能性があるんです。アプリなら何万人もの選択肢の中から、自分にマッチする人を選べるから。

田嶋　それで騙されるみたいなことはないの？

アル　そのリスクはあるので、上手に使わないといけないんです。拙著『自分も傷つきたくないけど、他人も傷つけたくないあなたへ』（KADOKAWA）では、アプリでベストパートナーに出会うための「効率的な婚活のノウハウ」も書いてるんですけど。

田嶋　へえ、それは助かるね。

アル　いろいろ書いてるんですよ（笑）。アプリの中にはセックス目当てのヤリチンや隠れ既婚者といった魑魅魍魎《ちみもうりょう》も潜んでいるから、そいつらをブロックするには「すぐに会えないアピール」が効果的です。プロフィール欄に「真面目な出会いを求めてます。メッセージのやりとりをしてお互いを知ってから会いたいです」と書くと、きゃつらは「面倒くさい、ヤレなさそう」と判断するんですよ。あと初回アポでは昼間にお茶かランチを提案すること。魑魅魍魎は夜に活動するので「夜飲みに行こう」とゴリ押ししてくる男は要注意とか。

田嶋　なあるほどねぇー。

アル　真剣に相手を探している男性もたくさんいるので、上手に使えばキンタマをゲットできます。キンタマとは「金の卵」という意味なんですけど（笑）。「モテよりマッチング」「雑魚モテを捨てて一本釣り」「プロフィールでフル開示」「NG項目を明記する」など、私の提案するノウハウを実践して「キンタマを一本釣りできました！」と嬉しい報告をもらいます。

田嶋　一本釣りか、すごいなあ。

アル　たとえばプロフィール欄に「男尊女卑な人は苦手です」「共稼ぎで家事育児を分担できる方を希望します」とか明記しておくと、女に家事育児を丸投げしたい男尊女卑マンは寄ってこないですから。

田嶋　なあるほど。そうやって選抜していくってことなんだ。面白い。

アル　昔は職場の人とか友人の紹介とか、身近なつながりから探すしかなかったけど、アプリを使えば選択肢は一気に広がりますよね。この世はでっかい宝島ですよ。

田嶋　可能性は無限大、ということか。アプリ婚活を成功させるためのポイントは何なの？

アル　ポイントは「モテたい」「男受けしたい」などの邪心を捨てることです。私は「喧嘩に負けて勝負に勝つ」とバトル漫画のようにたとえてますけど(笑)。結婚は選挙と違って「自分にピッタリのたった1票」をゲットすればいい。でもどうしても不特定多数に好かれたいと思ってしまうじゃないですか、女性は特に「女はいつも笑顔で愛想よく」と刷り込まれているし。そうじゃなくて「雑魚モテしても無駄無駄ッ！」と嫌われる覚悟で「いいね」の数を10分の1に減らそうって作戦です。残った1割の中に、本当に自分に合うキンタマが潜んでいるから。

田嶋　きちんと自己主張をして、そのうえでマッチングすることが大事なんだ。

アル　「男尊女卑な人は苦手です」とハッキリ主張すれば「面倒くさそうな女だな」と思う男は排除できるし、「自分も男尊女卑とか苦手だし、価値観が合いそう」と思うジェンダーイコールな男子を一本釣りできるんですよ。

田嶋　今の話を聞いてると、しっかり自分の意見がある人で、取捨選択できる能力がないとできないってことかな。いいね、まさにフェミニズムだよ。それができる女の人たちも、それを教えてるあなたもお見事！

アル　フェミニストは男に嫌われることに慣れているし、「女は男に選ばれるもの」ではなく「自分で選ぶ」と主導権を握れる人が多いので、意外と婚活に向いてるんです。

田嶋　うんうん。嫌われる覚悟と勇気をもって、ちゃんと自己主張できるってすごく大事。それはフェミニズムの精神がないとできないことだと思う。

アル　自分をさらけ出して「これが私だ！ こんな私をいいねと思う者だけ来い！」と思える強さが必要ですよね。

田嶋　すばらしい覚悟と勇気だよ。素敵な話を聞かせてもらった。もう今日の話はこれでおしまい！（笑）

アル　いやまだ終わらんですよ（笑）。

田嶋　今の結婚がそういう方向になってるなら、フェミニズムが成功してるじゃない。結婚はタダ働きの疲れてなんぼ、みたいなのと全然違う。

アル　女を奴隷扱いしない、対等に尊重し合えるパートナーを選べば、結婚して幸せになれる可能性は高いと思います。

資本主義社会での家事労働からの解放

アル　昔の主婦は本当に大変ですよね。アマゾンもネットスーパーもないし。

田嶋　買い物はネットでしてるの？

アル　ほぼネットですね。食料品や日用品もネットスーパーで購入して、掃除はロボット掃除機がしてくれて、洗濯は洗濯機がしてくれて、あとうちほとんど料理をしないんですよ。

田嶋　そうなんだ。

アル　夫は朝食を食べないし、昼は会社で弁当を買って、夜はジムか道場に行ってるから外で食べてくる。私は普段は玄米とみそ汁と納豆みたいな地味めしを食べて、食べたいものは外食かウーバーイーツを頼みます。自動調理家電やミールキット*17を活用している人も多いですね。

田嶋　みんないろんなものを賢く利用してるんだね。

アル　家事の中で自炊が一番大変ですよね。献立を考えて買い物して食材を管理して後片付けをして……ってやることが多すぎる。料理が好きな人はいいけど、私は食べるのは好き

田嶋　だけど作るのは興味ないんで。

一人暮らしでも量が少ないだけで、やってることは同じだからそう思うよ。いちいち切って洗って何してるんだろう……って思うときもある（笑）。

アル　昔の主婦も三種の神器[*18]によって家事が楽になりましたよね。今はネットスーパー、ミールキット、調理家電、全自動洗濯機、ロボット掃除機……とどんどん便利になることが女性解放なのかなって。

田嶋　女を奴隷にしていた家事労働から、家電を賢く使って自分を解放し、共稼ぎでバリバリ仕事するって最高じゃない。

アル　でもこれは資本主義が極まった結果ですよね。企業がどう儲けるかを考えたときに便利な家電が作られた。

田嶋　確かにね（笑）。でもそれが女の人の役に立ってるなら素晴らしいと思う。今日あなたの話を聞いてて、人生で初めて若くなりたいって思ったよ。

アル　えっ、マジですか？　それは嬉しいですね！

田嶋　だって気の合う人とマッチングできて、家事からも解放されて、男女で一緒に協力し合ってやっていくって楽しそうじゃない（笑）。

アル　女性が「自分で選ぶ」自由を得たことで、結婚に限らず、それぞれの幸せをつかんでいると思います。「女の幸せはこれだ」と誰かが定義するんじゃなく、自分の好きな形にカスタマイズするものなんだって。

田嶋　もうそこまできてるんだ。

自立して恋愛が必要なくなった

アル　あと周りはちらほら別居婚するカップルも出てきてますね。独身時代の家にそのまま暮らして、週末だけどっちかの家で過ごすとか。女友達は「人と長時間一緒にいるのがしんどいから、今の形がちょうどいい」って言ってました。

田嶋　その別居婚はいいね。いつも一緒でなくていいっていうのはよくわかるよ。

アル　私も一人の時間がないと死ぬ人間なんで、夫があまり家にいない人だから良かったです。うちは別行動派の夫婦で、外食も旅行も別々にするんですよ。私は女友達と出かけて、夫は釣り竿をかついで徹夜で釣りに出かけてます。私も誘われたけど、岩の上で寝るとか死んじゃうんで（笑）。

田嶋　それでお互い楽しくやってるんだから、相性がいいんだね。

アル　夫に私のどこを好きになったのか聞いたら「世間に向かって唾を吐いてるところ」という答えでした。私が社会や政治に怒りまくってるところや、痴漢撲滅アクション*19などの活動をやってるところがすばらしいと。夫は変わり者なんですけど、フェミニストはそういうパートナーを選ぶと長続きするんじゃないかなと。

田嶋　すっごく素敵な人じゃない。彼は16年間ずっと変わらないの？

アル　内臓脂肪は増えたらしいけど、それ以外はあまり変わらないですね。出会ったときから「貴様と俺」みたいな関係で、恋愛感情やときめきはなかったけど、人として好きになったから結婚しました。田嶋先生は『愛という名の支配』で書かれていたイギリス人の恋人と――。

田嶋　そう、40歳の頃にイギリスで出会って、6年間くらい付き合った。イギリスへ行ったときは、一緒に生活もした。テレビに出始める頃には、もう別れていた気がする。

アル　そこで「本当の意味で自立できた」って書かれてましたよね。

田嶋　今から考えてみれば、自分の自立のために男性を使ったのかも。彼とぶつかって闘う中で、子どもの頃に母に言えなかった「NO」が言えるようになってね。自分では自立してるつもりだったけど、色々引きずってたんでしょうね。彼と別れたことで、なんでその人に惹かれたのかなって考え抜いて、そういうことに気付いたの。

アル　その恋人の中にお母さまを見て、「愛という名の支配」を見たんですよね。

田嶋　そうそう。それではっきりと目が覚めた。それで恋愛も必要なくなった。

アル　男いらずの完全生命体になったんですか。

田嶋 その後、全く恋をしてないわけじゃないけど、深入りする必要がなかった。
アル 一蓮托生の伴侶みたいな人はもういらないと？
田嶋 伴侶はいらないね。私の場合はやっと得た自由だったから。あなたみたいにご飯を作らなくていいパートナーを得た人や、今みたいに便利な道具を使って自由になった人と違って、私の時代は社会的な背景も違うじゃない。私は１〜２時間男性といたら、あとは一人になりたいって感じ。
アル 前は３時間いたら飽きちゃうっておっしゃってましたよね（笑）。
田嶋 はっはっは！ 昔は４〜５時間いたらあとは一人でいたかったんだけど、だんだん短くなってるね（笑）。
アル 伴侶がいらなくなってからも、ボーイフレンドはいらしたんですか？
田嶋 ボーイフレンドはフレンドだからさ、ちょっとした仲良しみたいなのはしょっちゅう、たくさんいるよ。
アル いいですね〜！ 私もそれが理想です。いま夫が死んでも結婚はもうしないし、男と住むのももういいです。女友達と愉快に過ごしながら、たまに仲良くできるボーイフレンドがいたらいいですよね。
田嶋 一緒に食べたり飲んだり、手をつないで散歩したり。

アル　たまにちょっとデートしたり、気が向いたらおセックスしたりなんてことも。もう何年もセックスしてないけど、昔取った杵柄でやればできるかなと。やり方が古いとか思われそうだけど（笑）。

田嶋　そうそう、もう自由にね（笑）。楽しいじゃないですか。

アル　先生もイギリス人の彼と別れたあとはそんな感じだったんですか。

田嶋　彼と別れた後はテレビの仕事が忙しくなって、それどころじゃなかった。『TVタックル』は、全力投球で臨んで〝闘う〟必要があったから。出演後は軽井沢にこもって、そのダメージをケアするので精一杯だった。テレビではいつも邪魔されて言いたいことが言えないから、著作を通して伝えようとした。テレビに出ながら10冊近く書いたかな。もう、それ以外のことをする余裕はなかったような気がする。

アル　デートどころじゃなかったんですね。

田嶋　軽井沢の山にこもって、相手してくれるのは狐と狸と熊だけだったよ。

アル　狐と狸は化かされそうですけど（笑）。

田嶋　猿には愛の讃歌[*20]を歌ってあげたよ（笑）。

親から逃げるには結婚しかないのか

アル　ヨーロッパみたいに事実婚も法律婚も同じ権利があるなら、私は事実婚を選んでました。私が法律婚を選んだ一番の理由は、毒親と戸籍上も離れたかったからです。独身時代は「もしいま救急車で運ばれたら親に連絡がいってしまう、延命処置とか治療の方針とかあいつらに決められるなんて死んでもイヤだ」と思ってました。本当は結婚したくないけど、親と折り合いが悪くて、親の支配や干渉から逃げるためには結婚するしかないのか……と悩む女性も多いです。

田嶋　昔からそういう人は多い。親から離れたいから、なんでもいいからとりあえず結婚したいって。その根本にあるのは、戸籍制度だと私は思う。戸籍なんてものは、今や日本と台湾にしかないんだよ。[*21] この制度は、台湾と同様、日本の植民地だった韓国にもあったけど、両性の平等を定めた憲法に反するとの理由から2007年に廃止されて、戸主中心から個人中心になった。戸籍制度は選択的夫婦別姓[*22]にも大きく関係すること。時代との認識のズレは否めないと思う。

アル　家父長制の中で父親が母親をいじめて、母親が娘をいじめて……って家の中で弱い立場の人が抑圧されますよね。緊急連絡先とか手術の同意書にサインするとか、親族じゃなく友達でオッケーにしてほしい。

田嶋　ほんとに、そう。私も近所の知り合いでいいと思う（笑）。

アル　家父長制社会は何もかも家族中心で「家族で助け合え」という価値観が根強くてクソですよね。そこで発生する育児や介護といったケア労働をさせられるのは、いまだに多くの場合が女性です。そうやって女に押しつければ、国は何もしなくてすむから。

田嶋　本当だよ。家族中心なのがよくないね、女性の自由を奪う仕組みだから。結局、その家父長制の仕組みで犠牲になるのは女性なんだよ。

アル　私も「家族は助け合うべき」という家族の絆教のせいで、父親に搾取され続けました。『離婚しそうな私が結婚を続けている29の理由』[*23]に書きましたけど、父親に5000万の借金を背負わされて。

田嶋　そうだったんですか。昔はそうやって、父親は借金を返すためだったり食いつなぐために娘を売ったものですけど――。それは本当にお気の毒でした。

アル　本当にお気の毒なんです。23歳の娘を脅して借金の保証人にするなんて、おまえの先祖は鬼か？って思います。まあ私の先祖でもあるけど。親に連絡先も住所も教えず、住民票にも閲覧制限をかけるとか、毒親から逃げる方法はあります。でも結婚して親の籍から抜けても、法的に親子の縁は切れないんですよね。

田嶋　早く戸籍なんてものなくさないといけないね。

アル　ただ法的に縁は切れなくても、私みたいに保証人になりさえしなければ、親の借金は相続放棄の手続きができるし、親の介護や扶養だって断ることはできる。

田嶋　そうそう、「ＮＯ」を伝える力は大事。子どもが調べてその結果を使って明確に意思表示することで、親も嫌われるようなことは控えようって気持ちになることもあるし。

アル　なるべく距離を置いて、相手のペースに巻き込まれないようにするとか。相手の人間性は変えられなくても、こちらが接し方を変えることで、関係性は変えられることもある。まあ何やっても変わらない毒親は多いですけど。世間は「親子だから話し合えばわかりあえる」なんて言うけど、話し合ってわかりあえる親ならそもそも苦しんでないんですよ。私は断絶していた親子が許し合って和解する系のお涙頂戴コンテンツを「毒親ポルノ」と呼んでます。どんなにひどい親でも、子どもは「親を愛せない自分はひどい人間じゃないか」と罪悪感に苦しむんです。

田嶋　「育ててもらった恩があるのに、親不孝者」と世間や周りからも責められるしね。私が子どもの頃は、子どもの人権なんてもっと考えてなかった。「毒親」なんて言葉もなかったし。

アル　今は毒親に関する本や資料がたくさんありますよね。毒親育ちのコミュニティやカウンセリングもあるし、使えるものはどんどん使っていくのがおすすめです。あと、私自身は書くことで救われました。

田嶋　それは私も同じ。私の頃は相談に乗ってくれる人もいなければ、カウンセラーもいなかったから、自分で処理しなきゃいけなかった。自分が書いた本の一冊一冊が私を解放してくれるプロセスになったというわけ。

アル　まさにセルフカウンセリングですね。

田嶋　そう。10冊くらい書いてやっと整理できたって感じかな。2作目の『愛という名の支配』で自分の立つ位置が決まったというか、あの本の存在は大きいね。でもタイトルを「愛という名の支配」と「小さく小さく女になあれ」と迷いましたね。

アル　「愛という名の支配」という言葉は「本当にそれな！」って思いました。

田嶋　「小さく小さく女になあれ」はまさに男らしさ・女らしさの話でね。さんざん迷って「愛という名の支配」にしたの。

アル　「小さく小さく女になあれ」は、子どもの頃から田嶋先生が言い聞かされてきた呪いの言葉ですよね。

田嶋 当時の女はみんな「小さく小さく女になあれ」式の教育をうけて、私はそれを真面目に聞いちゃったから結構大変だった。

アル 女は男より目立つな、偉くなるな、わきまえていろ、と育てられる。先生が30年前にそれを書いてくださったから、私たちは「同じ苦しみを経験して乗り越えてきた先輩がいる」と勇気づけられたんです。後輩たちの行く道を照らしてくださり、ありがとうございます（合掌）。

田嶋 でも今の若い人が読むとまた違う感じでしょ？

アル 20代の女の子も『愛という名の支配』を読んで「め〜〜っちゃわかる！」と膝パーカッションしてましたよ。この本が書かれたのは1992年ですが、日本はその頃から男女平等があまり進んでないので、今読んでも共感の嵐なんだと思います。

なぜ「男嫌い」にならなかったのか

アル　先生は「自分は男嫌いではない」とおっしゃってるじゃないですか。フェミニストとして最前線で闘ってきて、男社会で男からあれだけ叩かれてきたのに、なぜ男嫌いにならなかったんですか？

田嶋　男の人も表面的な付き合いだと色々なことをやってくるんだけど、ちゃんと深く付き合うと人間なんだよ。

アル　こいつも結構良いところあるな、みたいな？

田嶋　良いところだけじゃなくて、弱さも強さも、人間として深く付き合うと見えてくる。泣きたいときは涙を見せるし、甘えてくるときもある。ごく普通の人間の姿が見えるのね。でも同居して生活を共にしたりすると「男」を出してくる。人間から男になっちゃったときは「この野郎！」って思うんだけど（笑）。

アル　たしかに、男の鎧を脱げない男は多いですよね。弱さを見せちゃいけないと思って、自分で自分を苦しくしてる。

田嶋 でも恋人ぐらい深い関係になると、男の人もさらけ出すことがあるでしょう。そういうときに「やっぱり一人の人間だな、愛しいな」って思うの。

アル おお……人類愛ですね！

田嶋 そんなにデカいもんじゃないけど（笑）。男も鎧を脱げば一人のか弱い人間だけど、頑張って生きてるんだなと思える。あなただってパートナーのそういうところを見てるから16年も一緒にいるんじゃない？

アル 夫は全然かっこつけない人なので、最初から全裸でした。だから私も「女らしさ」の鎧を脱げたんですよ。ただ、私を含めて多くの女性は男性に傷つけられてますよね。子どもの頃から痴漢に遭って、セクハラやモラハラやＤＶなどの被害に遭って、そのトラウマから男性に嫌悪感や恐怖心を抱くのは自然な反応だと思います。だって犬に噛まれて大ケガしたら、犬が怖くなって当然ですよね。

田嶋 差別は構造だし、「文化」だから、社会に浸透してしまっている。だから「他の男性も同じことをしてくるかも」って警戒しちゃうのはわかる。

アル ノットオールメン（全ての男が悪いわけじゃない）なんてことは百も承知だけど、こっちは傷が癒えてないので。しかも女が性暴力や性差別にこれだけ苦しんでるのに、無関心で無理解な男性が多いじゃないですか。こちらの苦しみを知ろうともせず、「痴漢は冤罪もあるよね」とか言われたら殺意を覚えますよ。

田嶋　女性がさんざん傷つけられてきて、男性を信用できなくなるのは当たり前で、それでも男性についていかざるをえないのは、女性が自分のパンを稼ぐのは当たり前じゃなかったからだよね。

アル　ミサンドリー（男性嫌悪）がまったくない女性はいないと思います。ただ私の場合、フェミニストとして活動するうちにミサンドリーが減ったんですよ。一つは中高生の男の子たちに授業をする中で「尊いなあ、守りたいなあ」と思ったから。

田嶋　親目線というか、教育者目線で「男性」を見るようになったのかもね。

アル　そうなんです。もう一つは仕事を通してジェンダー意識の高い男性たちに会うようになって、希望を感じているから。

田嶋　私はそういうのに騙されないよ（笑）。

アル　私、騙されてるんですか？（笑）

田嶋　だってあなたみたいな知名度のあるフェミニストに会ったら、マッチョを前面に出すなんてできないじゃない。あなたに合わせて良い顔もするだろうし、そんなのに騙されちゃダメ。

アル　先生もわりと男性を信用してなくないですか？（笑）

田嶋　そういう仕事の付き合いじゃなくて、もっとパーソナルな関係の中で、男だって涙を流してすがってくる人もいれば、弱音を吐く人もいるでしょう。恋愛の良いところは、男が鎧を着る前の、素の自分に戻ったときが見られること。もちろん、鎧を脱いだ姿を見られないまま関係が終わっちゃうこともある。でも素の姿を見られるところまで関係を深められたら、自分のそういう姿を見せた女に男は悪さをしないと思うの。まあ甘ったれて暴力を振るったり暴言を吐いたりする男もいるけど、そういうのはしょうもないから放り出す！

アル　放り出そう！　鎧を脱いだ生身の男性と深く付き合ってみると、男性全体の見方が変わってくると。

田嶋　そんなことは言えない。社会が男性主人公だから、男らしさ女らしさはしみついているから、その中で育った人は男でも女でもそう簡単に変われない。ただ人間同士だから、対等に何でも言い合える関係は作ろうと思えば作れると思う。あなたたち夫婦も16年も一緒にいられるなんて、そういう関係を築いてるからだと思う。

アル　うちは友情結婚みたいな感じですので。

田嶋　親友でしょう。男と女だって最後は親友だよね。お互いに鎧を脱いで安心していられる相手なんでしょ。それってすごく素敵なことじゃない。

血縁や結婚ではないつながり

アル　私は「アルテイシアの大人の女子校」という読者コミュニティを運営していて今100人ほどのメンバーがいます。みんなでハイキングをしたり、芋ほりやシイタケ狩りに出かけたり、ワイン会や読書会を開いたりしてます。

田嶋　へぇー、楽しそう。

アル　めちゃめちゃ楽しいですよ！　女性が安心して毒親やフェミニズムや政治について話せる場、女同士で支え合える場を作りたいと思って始めました。私は親ガチャが大ハズレだったけど、女の友情には恵まれてラッキーだなと。

田嶋　なるほど。大人の女子校は、女性同士で連帯する場なのね。

アル　私自身が血縁ではないつながりを求めていたので。女同士で支え合えるセーフティーネットが欲しかったんです。

田嶋　わかるっ。日本は血縁を重んじすぎるからね。そろそろ戸籍制度なくさないとね。

アル　田嶋先生も駒尺さんたちとのシスターフッド[*24]や友だち村[*25]がありますよね。

田嶋　友だち村は最初シングル女性のために造ったんだけど、今は夫婦で住んでる人たちもいる。ごく普通のマンションを寄せ集めたような形で造って、それぞれの部屋にお風呂や台所もあって、共用部には温泉も食堂もあってという場所なの。

アル　それを駒尺さんが発案して、みんなで造っていったんですよね。

田嶋　そう、まだちゃんとりっぱに存続しているよ。

アル　田嶋先生は友だち村には住まなかったんですか？

田嶋　少しだけ住んでたことはある。友だち村を造ったのが60代の初め頃で、私は仕事が忙しかったし、伊豆は遠くて通えなかったの。それで老人ホーム代わりに母に入ってもらおうとしたら「嫌だ」って言われて。

アル　どうしてですか？

田嶋　母は自分が住んでいる地元の人たちとの人間関係を大事にしたかったみたい。いくら自分の部屋があるにしても、知らないシングルの女性たちのグループと一緒に住まなきゃいけないのが怖かったみたい。

アル　私は大喜びで入りたいです（笑）。私は男女共用の老人ホームは無理なので、女だけで住めたら最高ですよ。おまけに温泉もあるし。

田嶋　うちの母は、私には威張ってたけど人見知りだったからね。最後は自分が住んでた市の

アル　老人ホームで楽しくやって、93歳で亡くなった。私の方は中伊豆に通いきれなくなって、自分の部屋を売って東京と軽井沢の二拠点生活になったの。今でも友だち村との交流はあるんだけど。

田嶋　ゆくゆくは友だち村に住もうとは思ってるんですか？

アル　ううん。もう友だち村には帰らない。

田嶋　伊豆だと不便だから？

アル　一つはそれ。仕事があるし、今軽井沢と東京の半々の生活をして37年目。最初は千ヶ滝という狐と狸と熊がいるようなところに住んでたの。でももう世間から逃げる必要もなくなったし、山を下りて人里に住もうと思って。

田嶋　山姥《やまんば》みたいですね！

アル　そう。狐と狸と熊だけだとボケそうな気がして、35年住んだ家を売って、人里に下りてきたの。別荘地なんだけど、下りてきたら色々な人がいた。近所にダンスの先生がいて、誘われて社交ダンスをまた始めて、この間は自分のコンサートで踊ったの（笑）。

田嶋　ダンス楽しそうですね!!　私もズンバとかやりたい。

アル　あとうちに蛍が出るから、近所の人がパワースポットって言って集まってくる（笑）。

田嶋　最高じゃないですか！　私は老後は女同士で支え合って暮らすデンデラに住みたいです。

田嶋 それこそ山姥の里みたいな、血縁でも結婚でもないつながり。

アル いいねぇ。私が住んでるのは別荘地だから、友達の家はみんな自転車で行けるような距離にあるの。あと私は散歩をするから、犬の散歩をしてる犬友達ができた。私は犬好きなわけではないんだけど、なぜか犬は私に親切にしてくれる（笑）。東京で書アートの個展を開いたときも、軽井沢から犬友達が来てくれたりして。

田嶋 素敵な関係ですね！ 先生のように80代で引っ越しをして、また新しい友人関係ができたという話を聞くと、すごく希望を持てます。

アル 散歩でいろんな人と仲良くなって、面白いの。犬の名前を覚えなきゃと思って、小さいノートを作ってメモしてる（笑）。

田嶋 真面目（笑）。私は友人の子どもの名前もすぐ忘れてしまうので、ちゃんとメモして覚えようと思いました。私の場合は、ネットでつながった友達が多いです。フェミ友はだいたいツイッターで出会って仲良くなってますね。今の若い世代はネットで友達を作るのが普通になってます。学校や職場の繋がりよりも本音を話しやすいんですよ。

アル なるほどね。日常生活の利害関係がないし。

田嶋 学校や職場で「さあこの中で友達を作れ」って言われても、わりとムリゲーじゃないですか？ ネットだとたとえばフェミニズムに興味のある人とか、価値観が合いそうな人を見つけて仲良くなれる。SNSだと日頃からどんな発信をしている人かわかるので、価値観マッチングしやすいんですよ。

田嶋　効率良く価値観の合う人と友達になれるんだね。友達もマッチングする時代なんだ。

アル　人見知りの人や口下手な人でも、オンラインだと話しやすいのもありますね。コロナ禍で外に出られなかった時期は、チャット飲み会やZoom飲み会をしょっちゅうしてましたね。

田嶋　技術の進歩は、結婚だけじゃなく友人関係も充実させてくれる。老後においてもね。この間、趣味がツイッターで、外国暮らしの娘と毎日LINE電話でやりとりしているしあわせな89歳の女性の本[*26]を読んだよ。

アル　「自助でなんとかしろ」と言われると、政治の責任放棄にムカつくんですけど。でも政治や社会はすぐには変わらないので、私たちには女同士の支え合いが必要なんです。

昔は「女性は裏切るもの」と思ってた

田嶋 そうやって女性が連帯できるのは素晴らしいし、いいなと思う。私たちの時代は女同士が分断されていて、そんなふうに繋がれるなんてあり得なかった。女同士は仲良くなってもお互いを信じられない空気があった。

アル それって子どもの頃からですか？

田嶋 ううん、中学生くらいまでは親友もいたよ。ネズミ送りって知ってる？

アル いえ、初めて聞きました。怪談ですか？

田嶋 怪談じゃなくてね、中学のときに友達が「陽子ちゃん送ってあげる」って家まで送ってくれるでしょ。家につい ちゃうと別れられなくて、今度は私が友達の家まで送っていって……。で、また別れられなくて、私の家まで友達が送ってくれるのを繰り返すの。

アル 素敵じゃないですか……！ 胸キュンですね。

田嶋 胸キュンなんだよ（笑）。そうやってネズミ送りをした友達も、高校に入ったら別人のようになって疎遠になっちゃった。今になるとわかる。当時女の人生は恋愛と結婚が一番大事。女は男に愛されてナンボのもの。従って男性との関係が一番で、女との友情は二番手。老いて、夫が亡くなったりすると、女性との友情が芽生えたりするけど。やっぱり自立していない女性同士の友情はむずかしかったのかも。大人になってフェミニストとして、初めて仲良くなった女性が駒尺さんだった。駒尺さんは就職した法政大学の同僚で親しくなったの。最初は「女の人は裏切る」ってイメージを持っていて、彼女のことも警戒してたけど、駒尺さんと接するうちに女性に対する信頼はだいぶ回復した。当時は本当に女の人を信じられなくて、今の私とは随分違ったよね。

アル　随分違いますね。想像できません！

田嶋　駒尺さんがきっかけで女性の集まりに顔を出すこともあった。それまで女性の集まりに遭遇したことすらなかったから、なかなか信じられなかったんだけど、行ってみたら自分と同じ考えの人がいるのを知って。

アル　男社会で女が分断されて連帯しづらかった時代に、駒尺さんとの出会いは本当に大きかったんですね。

田嶋　素晴らしいフェミニストだった。駒尺さんのことは今でも尊敬しています。

フェミニズムと女友達

アル 私も20代の頃はフェミニズムの話ができる友達がいなくて孤独でした。でも今はフェミ友がいっぱいできて幸せです。逆にフェミニズムに出会って、寂しさを感じることもあるんですけど。

田嶋 そうなの？ どうして？

アル 友人との間にジェンダー意識のギャップが生まれるからですね。ジェンダー意識が安土桃山生まれみたいな人といると、アップデートが進んでいる側はしんどく感じてしまう。「女友達と価値観がすれ違って疎遠になってしまいました」とか「フェミトークができる新しい友達をどう作ったらいいでしょう」とか、そんな悩みをよくもらいます。

田嶋 それは仕方がないよね。それはそれで受け止めて、いつかまた出会ったときに相手も変わっていて、話が合うこともあれば、ますます遠くなることもあるし、いろいろ。

アル そうですよね。人はみんなアップデートの途中だから、タイミングが合わないこともある。そういうときはそっと距離を置いて、今の自分に合う人と仲良くするのが幸せだよね、と私も思います。

田嶋　相手に完ペキを求めちゃうとキレツを生むよね。でもみんな女友達が欲しいんだね。

アル　人生100年時代とか長すぎるんで、女友達がいないと人生厳しいです。

田嶋　人は変わるから、ずっと同じ人がいつまでも友達でいるわけじゃないしね。

アル　フェミニズムを学ぶと解像度が上がって、世界の見え方が変わるので、フェミニズムをインストールしてない友達とだんだん話が合わなくなってしまう。性暴力の話題になって「女性も悪いよね」「枕営業もあるでしょ」とか二次加害的[*27]な発言をされてしまうことも。

田嶋　不愉快なことだけど、でもそれは女性たちが、男社会に都合のいい呪いをかけられて過剰適応してきた結果だから、おしえてあげるしかない。

アル　そうなんです！　本人は呪いをかけられてることに気づいてないんですよ。こちらは運よく「フェミ眼鏡」をゲットして、世界の解像度が上がったことで、男社会で抑圧される女性の立場が見えるようになった。でも相手はまだ「家父長制眼鏡」をかけているから、見えている世界が違うんですね。

田嶋　運よくつらい経験をせず、気づかないまま生きていけてしまう人もいるからね。

アル　読者には「あなたがモヤれるのはアップデートできている証拠だから、胸を張ってくださいね」と伝えてます。でもしんどいことも多いですよ。90歳のおじいさんにモヤる発言をされても「おじいさんだから仕方ねえな」と思えるけど。

田嶋 いちいち説明するのシンドイよね。でも私はこう思うんですよって、伝えてみるのもいいかも。今の90歳は意外と元気だから（笑）。

アル 元気ですよね（笑）。まあおじいさんなら諦めもつくけど、同世代の友人から言われるとショックがでかい。それで心を削られてしまうなら、いったん距離を置くしかないですよね。「友達は季節に咲く花のようなもの」*28という言葉があるんですけど、花が散ることもあれば咲くこともあるように、友人と距離が近づくこともあれば疎遠になることもある。疎遠になる友人がいるのは寂しいけど、一度途絶えた友情がまた復活することもあるし、結局は「そのときどきの自分」に合う人が残るんだと思います。

田嶋 付かず離れずがいいかな。ずっと仲良くしなきゃいけないとか、ケンカしたらずっと不仲でいなきゃいけないとか、そういうのに縛られなくていい。

アル 私も性暴力の話になってケンカした女友達が後から「あのときに言ってた意味がわかった」って連絡をくれて。だから一度は離れてしまっても、いつかわかりあえる可能性はあるんですよ。

田嶋 うんうん、後から友達もフェミ眼鏡をかけて、あなたが言ってたのはこういう意味だったんだって見えるようになるかもしれない。

アル　「友達やパートナーにアルさんのコラムをシェアするうちに、相手のジェンダー意識がアップデートしました」という報告をもらうんですよ。そんなふうに役立ててほしいなと思って、こつこつとコラムを書いてます。

田嶋　いいねぇ、役に立ってるなんてもんじゃない、人の命救ってるよ。

アル　「私のための、私が生きるためのフェミニズムであって、フェミニズムが先ではないからね」という先生の言葉を標語にしてるんで。自分の暮らしや人生に役立つフェミニズムというのは、田嶋先生が拓いてきた道ですから！

第2章注釈

＊1 「無償労働の貨幣評価」（内閣府、2018年）によると、専業主婦の年収は304万5千円と評価されている。

＊2 【『逃げ恥』】『逃げるは恥だが役に立つ』海野つなみ作の漫画（講談社）。2016年に放送されたドラマは大ヒットし、社会現象を巻き起こした。

＊3 第一生命経済研究所調査（2018年）より。

＊4 【マタハラ】マタニティハラスメントの略。職場で妊娠や出産を理由に解雇や雇い止めをされたり、嫌がらせをされたりすること。

＊5 【マミートラック】子育てと仕事を両立できても、比較的負荷の少ない仕事を任せられ、本人の意思と関係なく出世コースを降りてしまうこと。

＊6 【『どうして男はそうなんだろうか会議』】（筑摩書房）。社会学者の澁谷知美とライターの清田隆之がゲストを迎えてトークを行った対談本。該当ページはp170〜。

＊7 【就職氷河期】バブル崩壊後の1993-2005年の就職難の時期のこと。

＊8 【アントワネット】マリー・アントワネット。1755-1793年／フランス国王ルイ16世の王妃。有名な「パンがなければお菓子を食べればいいじゃない」という言葉は、現在ではアントワネットの発言でなかったことが判明している。

＊9 内閣府男女共同参画局「結婚と家族をめぐる基礎データ」（2022年）より。

＊10 「令和3年賃金構造基本統計調査」より。

＊11 【アファーマティブアクション】差別を解消するため、人種や性別などのマイノリティに対し、実質的に平等な機会を確保すること。積極的な格差是正。ポジティブアクション。

＊12 【クオータ制】性別・人種・民族など、マイノリティである属性の人に一定の比率で席を割り当てること。ポジテ

イブアクションの一種。

＊13【医学部の不正入試】２０１８年8月、東京医科大学での得点操作が発覚。その後、計10大学の医学部入試で女性や浪人生を不利に扱っていたことが判明した。

＊14【阪神淡路大震災】１９９５年1月17日早朝、淡路島北部を震源とするマグニチュード７・３、最大震度7の地震が発生。６４３４人が亡くなった。

＊15【『スウェーデンの保育園に待機児童はいない』】久山葉子（東京創元社）。該当ページはｐ１４６〜、ｐ１５０。

＊16【24時間戦えますか？】１９８８年に誕生した三共（現・第一三共ヘルスケア）の栄養ドリンク「リゲイン」のＣＭで用いられていたフレーズ。

＊17【ミールキット】レシピと材料・調味料がセットになったもの。献立を考える手間が省けて、時短かつおいしくできる。

＊18【三種の神器】１９５０年代後半に普及した白黒テレビ・洗濯機・冷蔵庫のこと。１９６０年代にはカラーテレビ・クーラー・自動車の３Ｃが広まった。

＊19【痴漢撲滅アクション】２０１０年代、ツイッターでフェミニズムが盛り上がるにつれ、大学入試共通テスト（旧センター試験）の日に、遅刻できないという受験生の心理を悪用した、痴漢行為を煽るネット上の発言の存在が可視化された。女性たちを中心に問題視する声が上がり、社会に「受験生を狙った痴漢」の存在を問題視する土台ができる。神戸市での痴漢撲滅アクションは、神戸市民のノラ、共産党の喜田結（兵庫県議）、松本のり子（神戸市議）が中心となり取り組んだ。兵庫県警と関西の鉄道会社に大学入試共通テストの日の痴漢対策の強化を要請。その後も神戸市交通局が「チカンに遭ったら、見たら迷わず１１０番！」と通報を呼びかけるポスターを作るなど対策が進んでいる。

＊20【愛の讃歌】フランスの歌手エディット・ピアフの曲。有名なシャンソン。１９４９年につくられた。

＊21 中国にも「戸口制度」と呼ばれる戸籍があるが、家父長制を重視したものというより、農村と都市の身分の違い

を重視したもの。戸籍謄本もない。

＊22 【選択的夫婦別姓】結婚後もそれぞれ結婚前の氏を持つことを選択できるようにする制度。対談時点では結婚の際にどちらかの氏に統一する必要がある。人口動態統計によると夫の氏を選択する割合は2019年で約95％。

＊23 『離婚しそうな私が結婚を続けている29の理由』（幻冬舎）。

＊24 【シスターフッド】女性同士の連帯や絆。姉妹愛。ウーマン・リブ運動の中で用いられた言葉。

＊25 【友だち村】2002年に駒尺喜美が建設した静岡県伊豆市にある住宅型有料老人ホーム。

＊26 『89歳、ひとり暮らし。お金がなくても幸せな日々の作りかた』（宝島社）。

＊27 【二次加害】被害者の服装や態度を責めたり、「大したことない」と矮小化したりと被害者非難をすること。セカンドレイプとも呼ばれる。

＊28 作家の深沢七郎さんの言葉。

社会が男性主人公だから、男らしさ女らしさはしみついているから、その中で育った人は男でも女でもそう簡単に変われない。ただ人間同士だから、対等に何でも言い合える関係は作ろうと思えば作れると思う。

（田嶋陽子）

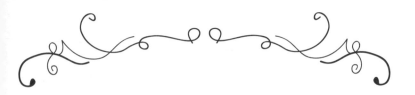

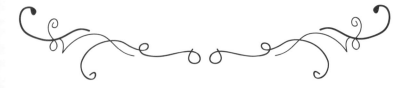

たとえば政治家や管理職の9割が女性、大臣や役員はおばさんとおばあさんばっかり。そんな絵面を想像すれば、偏りすぎだと気づきますよね。それが逆だと気づかないのは、生まれた瞬間から男尊女卑につかってきて、感覚が麻痺してるから。

（アルテイシア）

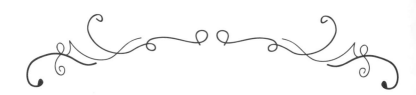

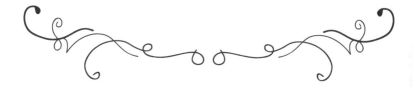

LET'S
DISCUSS FEMINISM!!

第3章

男女は見ている景色が違い過ぎる

ネット上での女叩き

アル　田嶋先生も壮絶なバッシングを受けましたが、フェミニズムの歴史はバックラッシュの歴史ですよね。ノルウェーの児童書『ウーマン・イン・バトル　自由・平等・シスターフッド！』（合同出版）に描かれているように、自由と権利を求めて闘った女性たちの多くが逮捕され、投獄され拷問されてきました。日本で参政権を求めた女性たちも「イカれた女たち」と激しい攻撃を受けたし、2000年代にはフェミニズムに対する本格的なバックラッシュ、ジェンダーフリーバッシングが起こりました。フェミニズムの波が来ると、それを潰そうとする波が来ますよね。2017年に伊藤詩織[*1]さんの告発があり、#MeTooやフラワーデモ[*2]が全国的に広がりました。今は第4波フェミニズム、SNSを使った新しいフェミニズムの時代と呼ばれていて、同時にフェミ叩きも広がってます。

田嶋　いつの時代も、女が自由や権利を求めるのが許せない人たちがいるのよね。

アル　最近はネット上でフェミ叩きが激化してます。YouTubeではフェミニストを揶揄する動画が拡散されていて、ツイッターではアンチフェミ、ミソジニー垢と呼ばれる人たちがフェミニストを攻撃してます。たとえば「オタクVSフェミニスト」という対立構造が作られてるんですよ。

田嶋 なんでそんなことになってるの?

アル フェミニストは「性暴力をエロネタ扱いするな」「未成年に対する性搾取をやめろ」と批判してるんですが、それを「自分たちの好きな漫画やアニメが攻撃されている」「フェミは萌え絵を規制しようとしている」と曲解して、デマや誹謗中傷を流す人たちがいるんです。いわゆる巨乳キャラのイラストが献血の啓発ポスターに使われたり、「元気になってもらう」意図で日経新聞に巨乳の女子高生キャラの広告が掲載されたり……その手の炎上は何度も起きてるんですが、フェミニストはあくまで「TPOを考えろ」「ゾーニングしろ」と批判してるんですよ。子どもも含めて誰でも見られる公共の場で、その表現が適切かどうか考えましょうねと。その作品やキャラ自体を否定してるわけじゃないのに、「自分の好きな作品やキャラが否定された」「フェミニストはオタクの敵」と一部のオタクが主張して、見当違いな攻撃をしてくるんです。

田嶋 へんだねえ。攻撃のための攻撃って感じ。そうでなければ、単に頭が悪いか——。相手にしても仕方ないねぇ。フェミニストたちは相手にしているの?

アル 丁寧に説明してあげてる人もいるけど、そもそも相手に聞くつもりがないので、対話にならないんですよ。だから多くの人は無視したりブロックしたりして、相手にしてないです。クソリプを送ってくる人（クソリパー）は相手するほど粘着してくる妖怪みたいなものなので、私も1秒でブロックしてます。

田嶋　それでいいのでは？　フェミニストたちの言うことが全うだから言い返せなくて、わざと曲解して言いたい放題言ってくるにすぎない気がする。甘ったれんなって。その人たちはただモノを言う女たちを叩きたいだけ。フェミニストはその人たちを相手しなくてもいいと思う。

アル　フェミニストは「こっちに来るな」と言ってるのに、あっちが寄ってくる。フェミが嫌いなら関わらなきゃいいのに。

田嶋　彼らは自分の知性を使って判断してるんじゃなく、単に女叩きがしたいだけで、女が何かを主張すること自体が癪に障るんじゃない？　甘ったれてる。

アル　そうなんですよ。いまだに「フェミが女子高生に嫉妬してる」「モテないブスのひがみ」とか言ってくるんです。

田嶋　ずいぶん古くさい文句だこと。陳腐もいいとこだね。

アル　私にも「穴需要のないババアの嫉妬」とかクソリプが来ます。

田嶋　いまだにそのレベルかと思うと敵ながら情けないというか、悲しいというかアホらしい

アル　というか。でも時間の問題で、必ずその人たちは淘汰されます。アホらしいから「穴需要……穴と雪の需要……レリゴー♪」と歌ってます。ただ私が歌っていられるのは、そこまでひどい攻撃を受けてないからで。先ほどの献血ポスターの件は、最初にアニメ好きのアメリカ人男性が「赤十字の仕事を称賛しているからこそ、過度に性的なキャラクターのポスターを使ったキャンペーンを行っていることに、がっかりしています。この種のものには、適切な時と場所がある。これは違う」と批判ツイートをしたんですね。それをもとに私の友人でもある女性弁護士が問題点を指摘したら、めちゃめちゃバッシングされたんですよ。事実無根のデマを流されたり、ひどい嫌がらせをされたりして。

田嶋　それって言葉で嫌がらせをされるの？

アル　言葉だけじゃなく、それ以前から送り付け被害もありました。通販の下着などが着払いで送られてくるとか。

田嶋　なにそれ！　それはもう犯罪だよね。その後どうなったの。

アル　送り付け被害は他の女性たちも遭っていて、みんなで「嫌がらせに屈しません」と記者会見を開いたら止まりました。

田嶋　そうか、権威に弱いんだ、でもひどい話だね。記者会見を開かれて大事になったらやめるんだから、女性をバカにして良い気になってるんだよ。そんなやつらを相手にしてもしょうがないと思うけど、でも、一度キチンと、落とし前つけてよかったね。

アル　私もアンチの相手をする方がエサを与えて喜ばせることになるので、無視してます。でもデマや誹謗中傷を流されて、否定しないと誤った情報が拡散されてしまうし、難しいですよね。私も他の人が被害に遭ってるときは「そういうのはやめろ」と声を上げるようにしてます。

田嶋　そのとおりだね。誰かが死んだり罰せられたりして初めて気づくんじゃ遅いものね。プロレスラーの女の人が亡くなっちゃったよね。

アル　木村花さんですね。言葉の暴力は人の命を奪うんですよ。身体的な暴力は加害者が罰せられて当然なのに、言葉の暴力は被害者が「気にするな」と言われるのはおかしいです。最近はオンラインハラスメントに関する法律がようやく進んできたので、嫌がらせをする連中には「首を洗って待っていろ」と言いたいです。

田嶋　結局は、世の中の変化に対応するんじゃなくて仕事のジャマをされたと感じて反撃してくるわけでしょ。自分たちが変わらなければいけないことはわかってんじゃないのかな。ただそう簡単におまえら二級市民の言うことはきけない、みたいな。それでうっぷんを晴らしてるんじゃないかな。

アル　そういう偏見や差別を放置していると、やがて暴力行為に至ってしまうことを示す「憎悪のピラミッド[*3]」という図があります。小田急線で刺傷事件を起こした犯人は「幸せそうな女を殺したかった」と言ってました。ウトロの放火事件[*4]を起こした犯人は「ヤフコメ民をヒートアップさせたかった」と語ってます。

田嶋　ネット上の偏見や差別が現実の犯罪につながっていく時代なら、なおさらそういうのは許しちゃいけないね。

アル　本当に。現実に火をつける奴がいるわけだから。政治信条はいろいろあって当然なんですよ、それが民主主義ですから。保守派や自民党支持者が悪いわけではけっしてない、そこは強調しておきたいんですけど、一部の悪質なネトウヨ[*5]が問題なんですよね。ツイッターではネトウヨとミソジニー垢を兼務している人が多いです。私にクソリプしてくるアカウントを見ると、女性差別と人種差別的なツイートをして「真の愛国者」とか書いてる人が多いです。そんなの本物の愛国者にとっても迷惑な話ですよね。

田嶋　リベラルな男性は味方してくれるの？

アル　もちろんフェミニズムに賛同して連帯してくれる男性もいます。でも差別や人権問題への関心は高いのに、性差別や性暴力の話になるとバグる男性もいるんですよ。性暴力加害者の男性を擁護したり、女性に説教やマンスプ[*6]をしたり、それを指摘されたら逆ギレしたり。

田嶋　タチが悪いね。女性を下に見ることでかろうじてプライド保ってる男たちだよね。それって実名でやってる人もいるの？

アル　学者や弁護士やジャーナリストなど、実名でフェミニストを叩く人もいますよ。それが問題になって仕事を失った人もいます。

田嶋　それで本当に反省してるのかな？

アル　本人は一応謝罪してますけど、その後も「彼が仕事を失ったのはお前のせいだ」「キャンセルカルチャーだ」とさらに被害者を叩く人もいるんですよね。これがヒムパシー（Himpathy）[*7]か……と呆れますよ。

田嶋　器が小さすぎる。「ストレスをぶつけるサンドバッグが見つかってよかったね」って皮肉を言ってやりたいくらいだよ。

アル　女を言葉で殴ることで「俺は強い男だ」と優越感に浸れるんでしょうね。かつアンチフェミの仲間内で称賛されて、承認欲求を満たせるんでしょう。

田嶋　「生意気な女に良く言った！」って持ち上げられて良い気持ちになっちゃうのか。ほんとしょうもないね。

アル　ただそういう人たちは声は大きいけど、少数派ですよね。フェミ叩きをするのはごく一部の男性で、多くは良識のある「無関心な善人」だと思います。国連のスピーチでエマ・ワトソンが「悪が勝利するには簡単で、善良な男女が何もしないだけでいい」と話してました。つまり、沈黙する善人ですよね。私はそういう人たちに届くものを書きたいと思ってます。

田嶋 多くの人に言葉を届けるって限られた人にしかできないから、それがいいと思う。そういう点では、あなたのわかりやすいユニークな文章はとても役に立つと思う。

アル ありがとうございます。「フェミニズムって難しそう、つまんなそう」と思ってる人に「意外とおもしれーじゃん」と思ってもらえるものを書きたくて。

田嶋 あなたの書くものは、フェミニズムに初めて興味を持った人に届きやすいと思う。私はあなたの本に出てくる漫画の話はわからないけど、わからなくても楽しいじゃない（笑）。「膝パーカッション」なんてユーモアのある表現もあって。無関心な人だけじゃなくて、聞く気がない人たちも笑うんじゃない？

アル そうだといいんですけど。クソリパーについては「攻撃しても、効かぬのだ」とわかったのか、あまり攻撃してこなくなりました。彼らは相手を痛めつけて弱っていく姿を見たいので、おもちゃにならないってわかると離れていくんですよ。

田嶋 相手をしてくれる女の人に甘ったれてんだよね。女を馬鹿にしてるから「これくらいなら大丈夫だろう」ってやってくるわけでしょ。悔しいよね。

アル　チン凸って言われる、ペニスの画像を送りつける嫌がらせも何度もされました。

田嶋　やっぱりね。これからもっとフェミニズムが浸透していくと、攻撃してくる人も増えてくるんじゃない？　だから私は子どもの頃からジェンダー教育や性教育をしていかないといけないと思うの。

アル　本当にそうですよね。まずは男の子をミソジニー沼にハマらせないために何ができるか？とフェミ友とよく話してます。男子校でジェンダーの授業をすると「フェミニスト＝萌え絵にクレームをつけている人という誤解が解けました」「話の通じない恐ろしいおばさんが来ると思ってたら、漫画の趣味も合うしびっくりしました」とか感想をもらいますね。あと「アルテイシアさんが元気な人でよかったです！」と中学生に元気を褒められました（笑）。

田嶋　あなたのおかげで明るい未来が見られたんだ。なるべくこうして若いうちに生身のフェミニストに出会う機会があるといいよね。

パートナーにフェミニズムを説明するには

アル　うちの夫は私に女らしさや妻の役割を求めないけど、それでも見えてる世界が違うなと感じることは多いです。

田嶋　どんなときにそう思うの？

アル　たとえばタクシーに乗ったとき、運転手に失礼な対応やセクハラ発言をされるって、女性にはあるあるじゃないですか。それを夫に話すと「言い返したらいいやん」と言われたので、「きみみたいなゴリマッチョな男はそんな対応されないよね」と返しました。

田嶋　そりゃあされないよね。絶対に下に見られないから。

アル　密室で何かされたら怖いから笑顔でやり過ごすしかない、そんな経験を何度もしている人間と、そもそも舐めた態度をとられたことのない人間では、見えてる世界が違うんですよね。

田嶋　それで、夫とはちゃんと話し合うの？

アル　「まあそこに座りなさい」と言って、こつこつと説明します。自分の書いたコラムを「まあこれを読みなさい」とLINEでシェアすることもあります。

田嶋　あなたはそれができるからいいよね。

アル　「アルさんのコラムを読むうちに夫のジェンダー意識がアップしました」みたいな報告もよくいただくので、どんどん使ってほしいなと思います。それでちゃんと読むパートナーだったらまあ聞く耳を持つ人だろうし、歩み寄れる可能性はあるかなと。

田嶋　小説『僕の狂ったフェミ彼女』[*8]はおもしろかったんだけど、私が物足りなく感じたのはそこなんだよね。彼女は全然彼に説明をしなかった。

アル　彼女は諦めちゃいますよね。そこがめっちゃリアルだなと思いました。いちいち説明するのってすごくしんどいんですよ。「いやでもさ」と遮られてクソリプされると、こっちも頭にきてケンカになるし。妻から責められてるように勝手に感じて、不機嫌になる男性も多いです。「主人公のスンジュンが夫や元彼みたいでイライラした」って感想もよく聞きます。

田嶋　彼女はスンジュンとセックスはするけど、フェミニズムのことを全然教えてあげないから不親切だと思う。

アル　男性が女性を穴扱いしてるみたいに、フェミ彼女はスンジュンを棒扱いしてる場面はありますね。

田嶋　「言わないで察しろ」って昔の男の態度をそのまま男に返してる。男が女にやってきたことを可視化させたかったのかな。

アル　ミラーリング[*9]だと思います。スンジュンが「男だってつらいんだよ」と返したり、性暴力の話のときに「でも冤罪もあるよね」と返したり、リアルすぎてめまいがしました(笑)。めまいしながらも「あなたは交通事故の被害者に向かって〝でも当たり屋もいるよね〟と言うのか？」と返せるといいんですけど。

田嶋　そうやって意見を交わせばいいのに。

アル　でも彼女がルッキズム[*10]の本を渡しても、スンジュンはちゃんと読まないですよね。自分から学ぼうとする姿勢がまったくない。

田嶋　それでも、ネットで絡んでくるような知らない男じゃなくて、彼氏でしょ。だったら説明してあげればいいのにって思った。彼女がどう説明するかを私は読みたかった。

アル　たしかに彼女とスンジュンがもっと本気でぶつかり合っていれば、違う結末になっていたかもしれませんね。ただ作者はハッピーエンドにしたくなかったんだと思います。それだとリアルじゃなくなるから。

田嶋　こんな男社会の生き方を絵に描いたような男には、ちょっと説明するくらいじゃハッピーエンドにはならないよ(笑)。

アル　スンジュンは最後まで彼女の〝偏った思想〟を変えようとしてましたよね。「昔は普通の女の子だったよな」と念仏みたいに繰り返して「偏った思想に洗脳された彼女を救い出す！」とヒロイズムに酔ってる。そんな男と対話しても無駄だ、と諦める彼女の気持ちはわかります。

田嶋　女の人と男の人は見えてる世界がぜんぜん違うから、ちょっと言われたくらいではわからないよ。2〜3回でいいから言葉を尽くして説明したらよかったと思う。

アル　『僕の狂ったフェミ彼女』について「男と女、狂っているのはどっち？」というコラムを書いたんですよ。そしたら読者の女性から「夫にコラムを読ませたら自分で本を買ってきて、本を読んだ後に〝今までごめん、僕が間違ってた〟と謝ってきた」という報告をもらいました。

田嶋　すごい、ちゃんと反省して謝れる男の人もいるんだ。いい話だね。

アル　スンジュンよりマシな男もいると（笑）。私が一番ムカついたのは、彼女が弱ったときほどスンジュンが嬉しそうなところです。頼りになる彼氏アピールができる！と彼女のピンチをチャンスと喜ぶなんて、おまえの脳みそは肥溜めかと。

田嶋　「守りたい」は言い換えれば、「自分をおびやかさない弱い女性、自分で立てない無力な女性でいてほしい」ってことでしょ。パートナーのためじゃなくて、自分に酔ってるんだよね。

アル　コラムにはこう書いたんですよ。〈私は「きみのことを守りたいんだ〜フンガフンガ♪」みたいな曲を聞くと「何から？　どうやって？」と思う。／べつに守ってもらわなくていいから、ちゃんと話を聞いてほしい。「女」じゃなく「一人の人間」として尊重してほしい〉[*11]。そしたら女性たちから膝パーカッションの嵐でした。

田嶋　「ちゃんと話をきいてほしい」まさにそれだよね。

アル　『愛という名の支配』に〈それでも男は、「女は弱いものだから、男が守る」のだと言います。いまの時代で女を守るということは、まずこういう状況の解決に手を貸してくれることです。それがほんとうの男のやさしさというものではないでしょうか〉[*12]って書かれてますよね。田嶋先生は30年前に同じことをおっしゃっていた。「差別するな、性暴力をやめろ」と声を上げてくれる男性こそが、女を守る男なんだって。

田嶋　あなたが動画を作ってたよね。飲み会で女性がセクハラされていて、男性の同僚が上司に「それはセクハラですよ」って注意する。あれはすごく助かる。いいよねぇ。

アル　シオリーヌさん[*13]と一緒に創った「#ActiveBystander ＝行動する傍観者[*14]」の動画ですね。ミソジニーが染みついたおじさんは女性の言葉を聞かないから、男性が「それセクハラですよ」って言うと効果があるんです。女性が言うと「ナントカさんは怖いなあ（笑）」

と茶化されてしまう。だから男性こそ性暴力を見て見ぬふりしない、アクティブバイスタンダーになってほしいと思って、動画の主人公を男性にしました。

田嶋　少し前『そこまで言って委員会ＮＰ』で、ゲストの女性が、「（昔のバラエティ番組では）後ろから芸人さんに胸をわしづかみにされたり……」って話をしてたの。でもそのとき彼女は「芸人さんが必死に爪痕を残そうと思ってやってることだから、そんなに嫌な気持ちではなかった」って言ったんだよ。私は内心「ヤダなぁ。男社会に過剰適応だよ」って思ったんだけど、面倒くさくなって何も言わなかったら、司会の野村明大さん[*15]が「でも何を言い訳しても、胸をわしづかみとかまったく言い訳にならないですけどね」って言ってくれて。手を叩きたいくらいだった。

アル　ほおー！　男性が「いや、それはセクハラだ」と言ったわけですね。

田嶋　そう、すごく嬉しかったの。だからスタッフに「明大さんの発言を削らないで」って頼んだら「尺の都合でどうなるかわかりませんけど努力してみます」って言ってくれて、放送を見たらカットされずに放送されてた。

アル　男性にそういう姿をどんどん見せてほしいです。私はアクティブバイスタンダーという言葉をアメリカ生まれの通訳の友人から教えてもらったんですよ。アメリカではアクティブバイスタンダーという言葉が知られていて、第三者介入プログラムの導入により、性暴力の事件数が減った学校などもあるそうです。たとえば、教室でいじめが起きているときに「自分はいじめなんかしてないし」「自分には関係ないし」と周りが見て見ぬふりをすれば、加害者はやりたい放題できますよね。やれることがあるのに何もしないのは、消極的に加害に加担していることになる。「それセクハラですよ」と注意できるような、男の子たちのロールモデルになるような男性が増えてほしいです。

田嶋 男は一般に男性に注意されるとエリを正しますね。やっぱり一段低く見ている女性から注意されてもいまひとつというところがある。それほど女性蔑視は根強い。

子どもへの性教育をどうする？

アル　夫との分かり合えなさについての悩みをよく聞きます。「夫と子育てするのはムリゲーだ」と悩む女性も多いですよ。

田嶋　たとえば？

アル　たとえば息子とアニメを見ていて、偶然パンツが見えたり胸に手が当たったりする「ラッキースケベ」とか、スカートめくりのシーンとかあったら、妻は「プライベートパーツ[*16]を触ったり見たりするのは相手を傷つけるからダメなんだよ」って話をします。でも、それを聞いている夫は「そんな目くじら立てなくても」とか言うんですよ。そういう意識のギャップをどうやって埋めていけばいいんでしょうか。

田嶋　それも今に始まったことではないよねえ。今こうやってフェミニズムの風が吹いてきて、女の人の意識も変わったからダメだと言えるようになったけど、昔は女性もそういうことを無意識に受け入れていたよね。

アル　ダメだと言えなかった女性も、ダメだと気づかなかった女性もいると思います。でも今

田嶋　でも多くの男性は気づいてないので、男女間でギャップが広がってるんです。女性が丁寧に説明してあげてもいいんじゃない？「昔は自分もこういうことに疑問を感じなかったけど、今はおかしいと思う。私はとてもイヤだった」と。この「私はとてもイヤだった」という私を主語にした言葉が大事。「だから息子が誰かに嫌な思いをさせないために、あなたにも協力してほしい」って。

アル　そうですね。子どもを加害者にも被害者にもしないために、一緒に子育てするチームとしてやっていこうと。

田嶋　夫になかなか主張できない女性が多いけど、きちんと話せたらいいよね。遠慮しちゃうんだろうけど、もっとオープンに自分のイヤだった体験をしっかり話したらいいと思う。

アル　私は自分の体験を話すことが多いです。「私も痴漢やセクハラにすごく傷ついて、今でも忘れられない」とか。男と女では見えている世界が違うから、夫は妻も性暴力に傷ついた経験があるとガチで知らなかったりするので。

田嶋　うんうん。「私」を主語にするってとても大事。

アル　自分の被害体験を話すのってキツいので、手紙やメールなど文章で伝えるのもおすすめです。文章にした方が言いたいことを言い切れるし、相手も何度も読み直して理解を深められるので。「大切な話があります」と改めて伝えないと、本気で聞かない夫も多いですから。本音は「おまえもジェンダーや性教育について学べよ！　親だろうが！」と投げ飛ばしたくなりますけど。

田嶋　そうだね。女性が我慢しろって話にはしないこと。夫婦で協力して、一緒に子どもを育てていくチームとして歩み寄りたいのであれば、男が譲歩することも必要じゃないかな。よく話せば男はわかると思うよ、女をさんざん穴と袋にしてきたんだから。

アル　話し合って歩み寄らないと、男女の溝は埋まらないし、フェミニズムも前に進みませんよね。

田嶋　腹が立つのもわかるんだけど、女の人が心底イヤがっていることを、キチンと言葉で伝える。

アル　オギャーと生まれた瞬間から違う性別で生きてきて、感覚が違うのは当たり前ですよね。お互いの違いを認めながら、議論して理解を深めていく、それが民主主義なんだと思います。私もたまに夫とドンパチしながら、がんばりますよ！

男性が弱音を吐くこと

田嶋　男性の生きづらさについては「男性も弱音を吐こう」って話してるけど、男が男らしく生きなくなることを否定する女性もいるんじゃない？

アル　フェミニストではあまりそういう人は見かけないですが、世間全体で見たらいると思います。

田嶋　男性たちが男らしさを捨て始めたとき、女性たちがどれだけ許容できるか、変化として受け止められるか、そこはやっぱり気をつけなきゃいけないと思う。変化した男性がいい面を出したときはいいよ。でも男性が弱い部分を出したとき「男なのにナヨナヨしてる」とか、女性に奢らなくなったときに「男のくせにケチ」なんて言わないようにしないと。

アル　私、枝野幸男さんの妻の和子さんの本[*17]を読んだことがあるんですけど、和子さんが息子に「男のくせにまた泣いて、めそめそしないの！」とか言うと、枝野さんが「そんな言い方よくないよ」ってボソッと言うそうです（笑）。夫の方がジェンダー意識が高いカップルもいますよね。

田嶋　いいねぇ（笑）。そうそう、女性でも男社会のマッチョな考えを内面化している人もいるしね。

アル　以前、せやろがいおじさん[*18]と対談したときに〈（フェミニズムやジェンダーについて）僕自身がまだまだ無知なので「教えて」とお願いしたら、講師役を買って出てくださる方もいて〉〈「男性優位の日本社会で暮らす僕は特権を享受している」「無意識のうちに女性を抑圧していることもある」という事実。これに気づかないままずっと過ごしていたらと思うと……今でもぞっとします〉と話してました。あと、れいわ新選組の山本太郎[*19]さんが街頭で話している動画を見たら、山本さんは「このことに詳しくないので、誰か分かる方いたら教えてくれませんか」って言ってました。自分の無知を認めて「わからないから教えて」って言えることは、男らしさの呪いから脱却するために大事ですよね。

田嶋　山本さんは以前『そこまで言って委員会』に来てたことがあるけれど、当時、山本さんは議論で全然言い返せなかった。最近はすごく変わった。勉強したんだと思う。素直に教えてくださいって言えない男性は多いから、それを言えるのはすごいよね。

アル　「知識がある方、教える方が上」みたいな上下関係や勝ち負けから解放されると、男性はもっと生きやすくなりますよね。せやろがいさんはお母さんがフェミニストなんだそうです。やっぱり親が子どもに与える影響は大きいですよね。

田嶋　それは大きいよね。父親が母親を蔑視していたら、子どももその影響を受けて女性を下に見るようになる。

アル　私のいとこがネトウヨなんです。昔は素直でかわいい少年だったのに、父親が反共右翼のDVおやじで、家庭内の男尊女卑を引き継いでしまって。

田嶋　子どもは一番身近な親をお手本にするからね。問題は大人になって男が親を脱するか。

アル　全く脱してないですね。いとこは父親のコピーみたいになってます。今度年賀状でも出して「ご無沙汰してます。私は今フェミニストとして、共産党の女性議員さんたちと痴漢撲滅活動をしてます」って送ってみようかな（笑）。でもそんないとこも、悪人というわけじゃないんですよ。

田嶋　普通の良識ある男性は、うっかりしてるとみんな女性差別主義者なのよ。

アル　そうですよね。数年前、昔働いてた会社の同期会に参加したら、男の同期が「相変わらずおっぱい大きいね」「俺全然イケるわ」とセクハラ発言してきたんですけど、彼らも既婚者で子どもがいる「普通の良い父親」なんですよ。

田嶋　職場で「君綺麗だね」「スタイルいいね」なんて言う男はそこらじゅうにいるけど、完全に女をバカにしてるよ。見た目を褒めれば、女は喜ぶと思ってる。でも女はたとえ喜んだとしても、心のどこかで性対象として見られていることを知っていて、不愉快に思っている。

アル　彼らに「それルッキズム的にアウトですよ」と指摘すると「褒めてるのになんだよ！」と逆ギレしますよね。スウェーデン在住の友人によると、スウェーデンでは「人を見た目で判断しない」「人の見た目に言及しない」が子どもでも知ってるモラルの基本だそうです。「人の見た目について何か思ったとしても、口に出すのはマナー違反」が常識なので、けなすのはもちろん、褒めるのも基本NGなんだとか。

田嶋　それだけ人権意識やジェンダー意識が進んでるんだよね。

アル　これもTPOの問題ですよね。恋人同士が「綺麗だよハニー」とか言うのは好きにやればいいけど、仕事の場では見た目って関係ないじゃないですか。「美人は得だよな」とか言われて、正当に実力を評価されないこともありますよね。でも性別問わず、ルッキズムに傷つく人は多いと思います。男性の方が雑にいじられる場面もあるし、すべての人の尊厳が守られる社会になるべきですよね。

男性にもフェミニストのロールモデルを

アル　田嶋先生はBTSというアイドルグループをご存知ですか。

田嶋　知ってるよ。世界で人気なんだよね。

アル　彼らは、全ての新曲の歌詞をジェンダー研究者にチェックしてもらっているそうです。

田嶋　あっ、聞いた、聞いた。

アル　それは以前、女性差別的な歌詞や発言を批判されたから。彼らは過去の失敗を謝罪して改善すると約束したそうですよ。大切なのは、批判を真摯に受け止めること、アップデートのために努力することですよね。批判されたときに「不快な思いをさせてすみませんでした」とテンプレのご不快構文で謝罪する人が多いけど、これって屁をこいたときに言う言葉ですよね。

田嶋　たしかに（笑）。それの何がどう問題だったのか、どう改善していくかを説明しないとね。やっぱりBTSみたいに世界に打って出ようとする人たちはさすが、立ち位置が違う。

アル　そういう姿勢はむしろ称賛されるし、だからBTSは世界的に愛される存在になったんでしょう。この件については批判を続けたファンも偉いと思います。日本は批判する側が「攻撃するな」「嫌なら見なければいい」とか叩かれることが多くて。

田嶋　それはよくあること。批判する側は言えば叩かれることも含めて闘っている。それに負けたら批判にならない。「攻撃するな」とか「嫌なら見なければいい」なんてのは余計なお世話だから、相手にしなくていい。

アル　あと性差別的な表現を批判すると「表現の自由を侵害するな」と赤潮のようにクソリプが発生するので、「表現の自由は批判されない権利ではないし、批判するのも表現の自由である」と除夜の鐘をつくように言い続けてます（笑）。先生はどう思われますか？

田嶋　まさに膝パーカッション（笑）。トンチンカンな批判めいたことにも真正面から正論ぶちかましてお見事。こういうネトウヨ風の人たちは、女に対して何を言ってもいいと思ってるところがあるから、いちいちキチンと対応しようとするとエラくしんどい。私はある時期から全く無視することにした。朝、秘書の顔を見ると、ひどいメールがきていることがすぐわかる。それでも私は一切対応しないでここまでやり過ごしてきたよ。

アル　はなから聞く姿勢のない人とは対話が成立しませんからね。BTSの話に戻ると、韓国は日本に比べて人口が少ないので、世界をマーケットにしないと稼げないという背景もあるようです。そのために、世界基準の人権感覚やジェンダー感覚が求められるんでしょうね。いまや韓国は音楽、映像、文学でも世界のトップランナーですよね。日本は「国内で受ければいい」という感覚がいまだに残っていて、だからアップデートが進まないのかな。

田嶋 日本の女性たちも「推し」の歌手たちを世界的に育てる方向に推したらどうなのかな。日本はこのままだといろんな面でガラパゴス化していくよ。

アル 私たちはガラパゴスゾウガメほど長く生きられないので、早く変わってくれないと困るんですよ（笑）。『ミス・レプリゼンテーション：女性差別とメディアの責任』[*20]というアメリカのドキュメンタリーに「お手本がないと、女の子はそれを目指せません」って言葉が出てきます。たとえば、7歳の子どもに「大統領になりたいですか」と聞くと、なりたいという回答は男女ほぼ同数。でも15歳の子たちに聞くと女子の割合が一気に減ってしまう。15歳になると「政治は男のもの」と刷り込まれてるんです。

田嶋 見たことがないものになるイメージは難しいよね。

アル 女の子にもリーダー的地位の女性というお手本が必要だし、男の子にもジェンダーイコールな男性のお手本が必要です。BTSのようにアップデートできた男性を見ることで「あんな大人になりたい」とイメージできるんじゃないかなと。

田嶋 政治家にも家庭にも学校にもメディアにも、お手本がいることは大事だね。

アル　昭和の男の子の憧れは「男らしい男」でしたよね。プロレスラーとか野球選手とか。

田嶋　最近の若い男性を見ているとフェミニストまではいかなくても、昔のマッチョな感じの男性像ではなくなってきてる気がする。化粧品を使うとかね。そういう変化は良いと思うけど、やってることがマッチョって人がたくさんいる。テレビで恋人関係などを見ていると、自分の恋人に対してワンランク低い呼び方をしている。たとえば「お前」とか。

綺麗になりたい夫と剛毛でいたい妻

アル　男性の変化で言うと、最近はメイクや脱毛をする男性が増えてきてます。

田嶋　テレビでよく見るけど。

アル　スキンケアやメイクやネイルを楽しんだり、全身脱毛をしたりする男性もいます。男女別でない脱毛サロンに行くと、女性より男性が多いこともあるそうですよ。

田嶋　脱毛するのは髭剃りが面倒だから？

アル　それもあると思いますけど、「綺麗になりたい」「その方が自分にとって心地よい」という人が多いです。

田嶋　そう。一般の男の人たちの美意識、そんなに変わったんだ。

アル　20代の女友達の夫は毛の濃さを含めて外見コンプレックスが強くて、妻に勧められて脱毛サロンや眉毛エステに通い始めて、そしたら「最近は鏡を見ると嬉しい気持ちになる」といって、スキンケアもするようになり、ファッションにも興味が出て、おしゃれなカフェにも行くようになった。まさに「美容は自尊心の筋トレ状態*21」で、今は「男ももっとセルフケアした方がいい」と言ってるそうです。

田嶋　男でも女でも肌が不潔っぽいと恋人でもさわってあげる気にはなれないものね。それにしても商業主義ってすごいね。一斉に、メンズ美容液を売り出したし、脱毛クリニックは準備万端。一方でユニセックスの衣類は売るし、お金になるなら発想の転換は素早いですね。これを男女の解放に上手に利用できるといいけれど。

アル　美容に限らず、セルフケアできない男性は健康を害して早死にしますから、セルフケアをして自分で自分を大切にすることで、男性自身も幸せになるし、女性もケア役割から解放されますよね。あとやっぱり自分を大切にしないと他人も大切にできないので。他人の体を大切にできないことが、暴力や性暴力にもつながると思うんですよ。

田嶋　うんうん。今まで男性は、自分のケアを若いときには母親に、結婚してからは女房にまかせてきたものね。でもさすが、その女性たちは息子や夫のお肌のケアまでは手がまわらなかったというわけか――。いや、男は金が稼げればお肌などはどうでもいいと思っていたのでは⁉

アル　スキンケアそのものについて、考えたことがなかった男性も結構いると思います。ちなみに夫が美容にハマった妻の方は一切脱毛をしないタイプで、理由を聞いたら「その方が貫禄があるから」って（笑）。

田嶋 ジェンダーイコールな夫婦って自由でいいね。そういう話をオープンにしてるのもいい。

アル 綺麗になりたい夫も、剛毛でいたい妻もどっちも良くて。男らしさや女らしさに縛られないことで、選択肢が増えて自由に生きられますよね。ちなみに、この夫は結婚するとき「僕は自分の名字にこだわりがないから」といって妻の姓になりました。

田嶋 いいねぇ。昔じゃ考えられなかったようなカップルが今はたくさん出てきてるんだね、楽しそう。

アル そんなジェンダーイコールな男子も、職場のおじさんからは妻の姓に改姓したことで「婿養子になったのか」「嫁の尻に敷かれてる」とイジられるそうです。そんなおじさんたちにはさっさと引退してもらって、早く世代交代してほしいですね！

第３章注釈

＊1【伊藤詩織】1989年―／フリージャーナリスト／『Ｂｌａｃｋ Ｂｏｘ』（文藝春秋）。

＊2【フラワーデモ】2019年3月に性暴力に関する無罪判決が相次いだことを機に同年4月11日より始まった。花を持ち、性暴力への抗議のスピーチやスタンディングを行う。

＊3【憎悪のピラミッド】偏見を放置していると差別が行われるようになり、そのうち暴力行為やジェノサイド（特定集団の虐殺）につながることをピラミッドで表したもの。

＊4【ウトロの放火事件】2021年8月30日、京都府宇治市のウトロ地区であった放火事件。同地区には在日コリアンが多く住んでおり、被告人は裁判にて韓国人への敵対感情について言及した。

＊5【ネトウヨ】ネット右翼の略。ネット上で右翼的な言動をする人のこと。

＊6【マンスプ】マンスプレイニング。「ｍａｎ（男性）」と「ｅｘｐｌａｉｎ（説明する）」をかけあわせた言葉。男性が女性に対して上から目線で解説したり説教したりする現象のこと。

＊7【ヒムパシー（Ｈｉｍｐａｔｈｙ）】性暴力や性差別で批判された男性に男性たちが共感を寄せること。

＊8【『僕の狂ったフェミ彼女』】ミン・ジヒョン著、加藤慧訳（イースト・プレス）。韓国で大ヒットの長編小説。主人公のスンジュンが４年前に別れた元彼女と偶然再会したところ、彼女はフェミニストになっていたところから物語が始まる。

＊9【ミラーリング】女性に対してされる差別的言動の異常性を伝えるために、男性に対して同様の行為をすること。例：女性に対して「おっぱい大きいね」と言う→男性に対して「ちんこでかそうだね」と言う。

＊10【ルッキズム】外見に基づく差別。容姿差別。

＊11「男と女、狂っているのはどっち？」2022年7月1日更新（https://www.gentosha.jp/article/21271/）

＊12『愛という名の支配』（新潮社）ｐ237。

＊13【シオリーヌ】1991年–／助産師・YouTuber／YouTubeを中心に性教育の発信を行う／『CHOICE 自分で選びとるための「性」の知識』（イースト・プレス）『やらねばならぬと思いつつ ～超初級性教育サポートBOOK～』（ハガツサブックス）等。
＊14【「#ActiveBystander =行動する傍観者」】（https://youtu.be/sp1e9hKZ97w）
＊15【野村明大】1972年–／読売テレビアナウンサー・解説委員。
＊16【プライベートパーツ】口、胸、性器、お尻のこと。親であっても他人が勝手に触ったり見たり、逆に触らせたり見せたりしてはいけない部分。プライベートゾーンと呼ぶこともある。
＊17『枝野家のひみつ　福耳夫人の20年』枝野和子著（光文社）。
＊18【せやろがいおじさん】1987年–／お笑いコンビ・リップサービスのツッコミ／赤いふんどし姿にて沖縄の海をバックに社会問題について叫ぶYouTube動画を投稿。
『ウートピ』での対談記事（https://wotopi.jp/archives/116134）2021年7月26日公開。
＊19【山本太郎】1974年–／れいわ新選組代表・元俳優・元タレント。
＊20【『ミス・レプリゼンテーション：女性差別とメディアの責任』】監督：ジェニファー・シーベル、2011年製作。
＊21【「美容は自尊心の筋トレ」】女性誌などで美容に関する記事を書くライター長田杏奈の著書のタイトル。Pヴァインより2019年に刊行。

男性たちが男らしさを捨て始めたとき、女性たちがどれだけ許容できるか、変化として受け止められるか、そこはやっぱり気をつけなきゃいけないと思う。変化した男性がいい面を出したときはいいよ。でも男性が弱い部分を出したとき「男なのにナヨナヨしてる」とか、女性に奢らなくなったときに「男のくせにケチ」なんて言わないようにしないと。

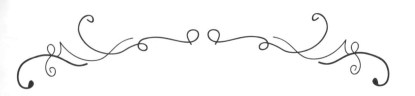

（田嶋陽子）

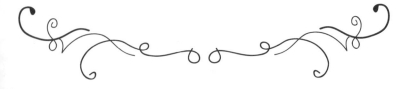

オギャーと生まれた瞬間から違う性別で生きてきて、感覚が違うのは当たり前ですよね。お互いの違いを認めながら、議論して理解を深めていく、それが民主主義なんだと思います。

（アルテイシア）

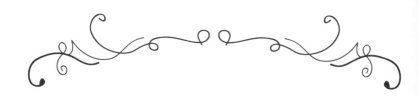

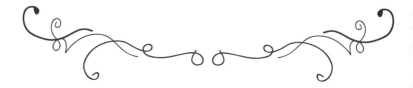

**LET'S
DISCUSS FEMINISM!!**

第4章

生きづらいのは私のせいじゃない

家族のあり方を問い直す

田嶋　とにかくシングルで子育てする人に、法的ケアをきちんとしてほしいと私は思うの。日本の家族尊重はちょっとおかしくて、子どもの人権も女性の人権も大切にしていない。むしろその無視を覆い隠す役目をしている。

アル　「家庭内のことは家族で解決すべき」って圧がとても強いですよね。

田嶋　私が2回目にイギリスへ留学したとき（1980年）の話をするね。私の女友達はシングルなんだけど、子どもが3人いて子どもたちの父親はそれぞれ違うの。日曜日になると3人の子どもの父親たちが集まって、DIYとか家のことをみんなで手伝うわけ。彼らも全員各自の家庭を持っている。けれど、同時に元パートナーと子どもたちのケアもちゃんとやってる。

アル　日本でもそういう自由な家族の在り方が増えるといいですよね。

田嶋　私がお気に入りの『アントニア』ってオランダ映画があるんだけど。

アル　どんな映画なんですか？

田嶋　簡単に言うと精子を探しに行く話。ある時、娘が子どもが欲しいって言うと、お母さんが娘と一緒に街のベンチに座って娘のパートナーになる男を探すの。それで娘と男の人をホテルにやって、性行為が終わったらお母さんは娘に逆立ちさせる。

アル　精子が子宮に届くための逆立ちですね。娘が子どもを産んだ後はどうなるんですか？

田嶋　子どもの父親も呼んで、庭の長いテーブルでパーティーをやったりするけど、娘と男は同居はしていない。精子を探したお母さんも60歳くらいなんだけど、畑の中にぽつんと一軒家があって、そこでお母さんと恋人はメイクラブしてるんだよ。それで、彼女は最後、安楽死する。

アル　へえ〜！　生き方が自由ですね。

田嶋　１９９５年に制作された映画だけど、自由な関係と自由な死に方ってまさに私が言いたいことが表されている作品だった。日本ももっと自由な家族になった方がいいと思う。１９８０年代にイギリスにいたときも、すでにシングルマザーが大事にされていた。

子どもを産み育てやすくするための政治

アル　私は貧困問題をどうにかしたいです。今、子どもの7人に1人が貧困で、ひとり親家庭だと半数ぐらいが貧困なんです。母子世帯だと「生活が苦しい」と回答している割合が8割を超えてます。

田嶋　子どもが食べていけないなんておかしいよね。こども食堂も日本に6000カ所以上もあるんでしょう？

アル　しかも国の事業ではなくて、民間でやってることですからね。民間に丸投げして、国が責任放棄するなと言いたい。

田嶋　シングルマザーだとそんなに生活が苦しくなるなんておかしい。私は女の人のお腹から生まれた子は女の人のものであって、自由に子どもを産めるような社会にしなきゃいけないと思う。それで、生まれた子どもにいちいちお父さんの家の名前をつけさせなくて済むようにする。それは少子化の一つの解決にもなる。

アル　少子化を解消するための解なんてシンプルで、事実婚でも女性一人でも同性カップルでも、子どもを安心して産み育てられる社会にすること。産みたい人が好きなだけ産めるように国がサポートすること。そうしたらバカスカ産まれますよね。

田嶋　そうそう。子どもは国の未来を作る宝なんだから、国がきちんと生活保障しないと。子育てや教育に投資しないなんて、国が滅びるに決まってる。

アル　「家父長制を守るのが俺の使命だ！　子育てを家庭から奪うな！」みたいな政治家たちのせいで、国が滅びるんですよ。少子化を解消するために、海外では何十年も前から子育て支援を手厚くしてますよね。

田嶋　日本は全然努力してない。とにかく政治が悪い。

アル　海外だと、たとえばフランスは第3子以上は家族給付が特に手厚く、１９９０年代以降は両立支援が充実し、減少していた合計特殊出生率[*1]がここ10年はおおよそ１・８〜２で維持しています。

田嶋　フランスはカトリックが多くて離婚するのが大変だから、結婚しない未婚のカップルが多いの。１９９９年から始まったＰＡＣＳ[*2]って制度があって、同性・異性問わず、未婚カップルでも結婚と同じように家族手当の保障を受けられる。２０１３年には同性婚法も成立したでしょ。

アル　北欧の国々では大学まで学費が無料なうえ、大学生の家賃や生活費のサポートも充実している。国が子どもにちゃんと税金を使えば、子どもを産む人は増えますよ。日本は「経済的に厳しいから二人目は無理」と産みたいのに産めない人もすごく多いじゃないですか。

田嶋　私はお金がかかるから産まないという発想も、お金がかからないから産むという発想も、ちょっと寂しいと思っちゃうんだけどね。でも日本は少子化がこれだけ進んでるんだから、子育てや教育にお金をかけないと！　防衛費にお金かけてる場合じゃない。

アル　ジェンダーギャップ指数を見ると、日本って教育分野は1位なんですが、中身を見るとジェンダーギャップが存在します。たとえば東大は女子学生が2割しかいない。これは東大を受験する女子が全体の2割しかいないから。男女の偏差値分布は同じなので、東大に受かるぐらい優秀な女子が東大を受けていない。これは親の教育投資が影響していると言われてます。きょうだいがいる場合、親は息子により教育投資をする傾向があるんですよね。地方に行くとそれはさらに強くなる。

田嶋　女性の大学進学が当たり前になっても、娘は地元の大学に行ってほしい、浪人しないでほしいと言われて、でも兄や弟は県外の大学や浪人を許されたなんて話は珍しくなかったけど、今でもそういうことがあるのは悔しいね。

アル　東京で一人暮らしするのも、浪人して予備校に通うのもお金がかかりますから。日本は

田嶋　教育費の自己負担が多すぎる。たとえばＯＥＣＤ加盟国では女子の方が大学進学率が高いけど、その中で日本は女子の方が低くて、ＯＥＣＤの中で一番低いんですよ。

アル　日本の男たちは、よく「おんな子ども」とひとまとめにして、バカにしてきたけれど、その言い方の中にいかに日本が成人男性中心社会か、女性と子どもの人権問題に手を抜いてきたかがよくあらわれている。このまま放っておくと、日本は滅亡する、未来がないということだよ。ところで２０１８年に医学部入試での女性差別が話題になったけど。

田嶋　「医者は体力のいる仕事だから女性には無理」という意見が出てたけど、看護師も介護士も保育士も体力のいる仕事で夜勤もある。その分野は女性が圧倒的に多くて、給料が低いです。要するに、医者という特権的立場を女に渡したくないだけなんですよ。医師に占める女性の割合は日本は先進国で最低です。フィンランドなんかは女性医師の方が多いんですよね。

アル　そうそう。あと都立高校でも男女別定員制[*3]をやってるから、本来は受かるはずの女の子が受からなくなってるでしょ。

田嶋　２０２１年の毎日新聞で、都立高の入試では合格ラインに最大２４３点差があったことや、約８割で女子の合格ラインが高いことが判明[*4]しました。２０２２年には大幅に格差が解消されたものの、それでもまだ約２割は女子が男子より合格ラインが高くて、性別関係なく合否判定をしていた場合、女子の合格者は284人増えていたそうです。[*5]

アル　隠れたところで女性差別をやってて、ひどいよね。

田嶋　以前、高校生の女の子が「高校受験のとき、先生から〝きみが男子なら合格なんだけど〟と言われて、それが一番悔しかった」と話してくれました。たとえば、経済的に厳しくて都立にしか通えない子もいる。そういう子が必死で勉強をがんばったのに、性別を理由に落とされるなんてあってはならない。入試は公正に点数で判断するべきです。

アル　そりゃそうだよね。それってどこにも訴える場所はないの?

田嶋　署名運動が行われてましたし、是正を求めて活動する弁護士さんたちもいらっしゃいます。ただ合格最低点が公開されないので、定員制のせいで落ちたのかを確かめるのが難しいそうです。

アル　この時代にまだそうやって平等な機会を奪ってるのは本当におかしな話だよ! 男の自立には手を貸すが女の自立には手を貸さない。この国の男たちの肝っ玉の小ささと展望のなさがこの国を滅ぼすんだよ。

セクハラが女性のキャリア形成を阻む

アル　平等に受験ができず、就職でも「優秀な順に採用すると女性ばかりになってしまうから」と男性が優遇されています。

田嶋　そうやって差別を繰り返したら、女性のキャリアに影響が出るだけでなく、結果的には女性の才能を無駄にするだけでなく、国の税収も上がらず、この国の大損失になる。

アル　「セクハラが原因で仕事をやめた」という話も少なくないですよね。それが結果的に女性の生涯年収を下げる要因になってます。

田嶋　がんばってキャリアを築いてきても、やめるしかなくなっちゃう。しつこく言うけど、それは女性の問題にとどまらず、国家的損失。

アル　女友達もセクハラに遭って職場に相談したんですけど、職場側が性暴力に関する知識がなくて。被害者に「気にするな」とクソバイスしたり、カウンセリングを勧めたりするだけで、加害者にセクハラをやめさせる、または異動させることができない。セクハラの被害者だけに負担を強いる職場は決して少なくないです。

田嶋　それって昔から変わらない。昔はよく女性向けの看板が道端に立てかけてあって「夜道の一人歩きはやめましょう」って。そうじゃなくて、本当なら「夜道の一人歩きをする女性を襲うのはやめましょう」だよね。本末転倒ってこのことだけど、それがまだキチンとした職場でも平然と行われている。人権無視、時代錯誤もいいところだよね。被害者に気にするなとかカウンセリングに行けとかそれは、絶対おかしい。加害者とその会社がカウンセリングに行けって話だよ。

アル　ちょっぴり希望が見える話をしますと、杉並区の新区長の岸本聡子さん[*6]は、就任会見のときに「職員が働きやすい環境を」ってことで、職場のあらゆるハラスメントをなくしていきたいと話してたんです。

田嶋　欧州のNGOで働いてきた人でしょ。なかなかたくましくて対話上手で、下からの民主主義を実現できるんじゃないかって希望を持たれている人ですよね。

アル　「自分がされたことはセクハラだ」って気づける人や声を上げる人は増えてます。でも職場の対応が追いついてなければ、被害者が安心して働ける環境が確保できなかったり、被害者が「面倒な奴扱い」されたりして、結局職場にいられなくなってしまう。転職して給料が下がってしまう人や、トラウマで今までのようには働けなくなる人もいます。声をあげる人が増えても、制度や法律が追いついていなければ、被害者は救われないんですよ。

田嶋 そのとおりだね。

アル 拙著『モヤる言葉、ヤバイ人』[*7]には「法律の護身術」として弁護士の太田啓子さんがアドバイスをしているので、参考にしてほしいです。もし人事やコンプライアンス室がきちんと対応してくれなければ、労働組合や労働弁護団に相談するなど、なんとかふんばってほしい。被害者がふんばらなきゃいけない現実が理不尽なんですけどね。

夜職の女性たちへの職業差別

アル　私が激おこオブザイヤーくらい頭にきたことがあって。新型コロナの流行初期に、持続化給付金[*8]などの対象から性風俗事業者が除外されることがあって、その裁判で東京地裁が「差別ではない」と判断したんです。

田嶋　ひどい話だ。それって職業差別じゃない。

アル　しかも国は「性風俗営業は本質的に不健全」「給付金を支給することは国民の理解を得られない」って訴訟で言ったんです。男たちがさんざん利用して搾取してきたくせに、「不健全」というスティグマ（社会的な偏見や差別）を押しつける。「国民の理解を得られない」っていうのも勝手に決めるな！ですよ。

田嶋　男たちは男性優位社会を利用して、さんざん女性を「穴」と「袋」にして、その存在を利用してきたくせに、非常時に生活を保障するとなったら、さらに差別するなんてひどすぎる！ってことね。売春婦は悪い・性を売る女は悪いっていう発想だよね。それって女性に処女や貞淑を押しつけていたひと昔前の男性中心の身勝手な発想から来てるんだ

アル　よ。今じゃ、性を売るか売らないかは女の人が決めることで、男たちが決めることじゃない。ネットでは批判の声は上がらなかったの？

田嶋　もちろん批判の声はたくさん上がってます。一方で職業として軽視するとか、夜職の女性に対して「楽して稼いでいる」という偏見をあらわにした発言とかも見られました。

アル　国の発言や裁判の判決はそういう差別的な考えにお墨付きを与えるよね。

田嶋　本当にそうなんですよ。「本質的に不健全」とか「国民の理解を得られない」とかってど真ん中の職業差別であり、彼女らを社会から排除する発言ですよね。何より、お金のない人の現実がまったく見えてないいんだなって思いました。いわゆる夜職で働くシングルマザーは少なくないじゃないですか。夫の母も離婚してホステスをしながら息子を育てたんですけど、お金に困って心中まで考えたそうです。息子には「死ぬんやったら勝手に死ね！」と言われたそうですけど。

アル　シングルマザーの場合、仕事の選択肢が少なくなるからってのもあるよね。それと賃金が低い。

田嶋　「子どもが熱を出したらどうするんだ」とか言われてしまって、正規雇用に壁がある。だから非正規でバイトをかけもちして、そのうちの一つが夜職という女性は少なくない。フードバンクにはシングルマザーが大勢きて「一日一食しか食べてないから本当に助かる」と涙を流すそうですよ。そんな現実があるのに信じられない。

田嶋　国会議員や裁判所関係の人たちが性差別主義者じゃ話にならない。現実をもっと見据えて情報集めて勉強すべきなんじゃないかな？　少なくとも司法は行政の顔色をうかがわずに、独立して時代に即した判決をすべきだと思う。

アル　上間陽子さんの『裸足で逃げる　沖縄の夜の街の少女たち』（太田出版）とか読んでほしいですよ。この本には、暴力と貧困の中で生きる沖縄の少女たちの話が綴られてます。彼女らは10代で子どもを産み、一人で子どもを育てるために、風俗やキャバクラなどの夜の業界で働いてるんですよ。沖縄の最低賃金は日本一低く、シングルマザー率は日本一高いそうです。

田嶋　政治がちゃんとやれ、福祉を機能させろってわめきたくなる。今から80年近く前、第二次世界大戦後は町や街に「夜職」の女の人たちが溢れていた。家族を養うために親に売られた人たちが多かったけど、今は、シングルマザーが子どもを養うために自ら「夜職」についている。シングルマザーたちが育ててる子どもたちは日本の未来を作る人たち。国は全力を挙げて、その子どもたちの命と未来を守らないといけない。その国が母親の職業差別をするとは何事か！

アル　今って風俗の求人広告に「奨学金一括返金」とか書かれてるんですよ。

田嶋　風俗の求人広告に!?　「奨学金一括返金」って。そうか、これで問題がはっきりしたね。性を売らなければ大学を出られないって、それどこの国の話？　誰がきいたって政治が悪いと思うよねぇ。

アル　昔は「風俗で働くのはブランド物を買って贅沢したいから」みたいなイメージがあったけど、今は奨学金を返すためとか、学費を払うためとか、コロナ禍で雇い止めやシフトを減らされているためとか、女性がなんとか生活を維持するために働くケースが珍しくないんです。それに風俗で働いても、そんなに稼げないケースも多いんですよね。

田嶋　かつて世界第2位の経済大国日本はどこへ行った！　あの頃、日本は未来をきちんと設計してなかった。若者や子どもたちの未来の設計も考えなかった。

アル　給料は下がってるのに、税金の負担率は上がって、*9 大学の学費も高騰*10してます。

田嶋　それだとみんな大学に通うの大変だね。

アル　今の大学生は約半数が奨学金をもらってます。貸付型の奨学金は利子付きで返さなければいけないので、実質は教育ローンですし、20代で約1000万円の借金を背負わされる学生もいます。日本は進学したくてもできない子どもがいて、世帯年収が高い家庭の子どもは高学歴に、世帯年収が低い家庭の子どもは低学歴になり、貧困の再生産が止まらないナウ。

田嶋　そうかー。これが今の日本か。

アル　つらたん（泣）。

田嶋　大学進学がそんなに大変だなんて本当におかしい。私も奨学金をもらって大学も大学院も出たけれど、そのころは教職につけば返済を免除された。職業選択の自由は限られたけど、それでも自立できたし自由はあった。

アル　20代の女友達は「大学時代、生活費を稼ぐためにバイト漬けですごく大変だったけど、私は奨学金をもらわずに済んだから恵まれていて申し訳ない」と言ってました。そんな発言が出てしまうくらい、日本はもう底が抜けている。公助がまったく足りてません。

私たちの生きづらさは誰のせい?

田嶋 それもこれも政治の問題なのに、若い世代ほど投票率が低くて、若者は自民党の支持者が多いんでしょ?

アル 40代でも半分近くが投票に行ってないので、若者だけが無関心なわけじゃないですけど。「自分の1票じゃ変わらない」「政治とかよくわからない」「自民党しか知らないから自民党に入れてる」みたいな声を聞きますね。

田嶋 自己評価が低いんじゃないかな。だから自分の1票で政治が変えられるなんて思いもしない。

アル たとえば、北欧では子どもの頃から民主主義の基本を学びますよね。『北欧の幸せな社会のつくり方』[*11]にはこんな文章があります。〈北欧と日本で異なるのは、人々が「自分の意見には価値がある」「一人ひとりに社会を変える力がある」とどれほど感じているか、だろう。北欧の教育現場では、徹底的に「自分で考える力」と「批判的に物事を見る力」が養われる〉

田嶋　私はいつも「一人から始まる」って言ってきたけれど、その北欧の子どもたちが教わる言葉「一人ひとりに社会を変える力がある」と、その「自分で考える力」を教え込んだらどうだろう。ヨーロッパでは家庭や学校や職場でも、政治の話をするのが普通だからね。最初の留学でビックリしてうらやましかったのは、イギリスでホームステイしたとき、朝ごはん食べながら親子きょうだいで当時の首相サッチャー批判をはじめたんだよね。

アル　日本では政治の話はタブーという風潮が根強いですよね。人権よりも家父長制を守りたい政治家たちは、国民には〝自分で考え、意見を持つ能力〟[12]なんて持たず、思考停止していてほしいんですよ。ハイパー失言クリエイターの森喜朗氏は「（選挙に関心のない有権者は）寝てしまってくれればいい」と過去に発言していて、麻生太郎氏[13]は「婦人に参政権を与えたのが最大の失敗だった」と過去に発言してます。都合のいい国民にするための〝奴隷教育〟が効いてますよね。

田嶋　奴隷の対極は自分をきちんと持つことだと思うけど、日本では自分を持つのも難しいんじゃない。民主主義なんてろくに教えてこないで、学校では全員を先生の方に向いて座らせ、みんな同じことをちゃんとできるかが指導みたいなことない？　自民党政権では、主権者教育[14]の進展は期待できないよね。

アル　できないですね。それどころかどんどん右傾化してますから。映画『教育と愛国』を見たときも教育への介入がヤバくて震えました。日本の学校では植民地支配について詳しく教えないし、複数の教科書から「従軍慰安婦」「強制連行」といった記述が削除・変更されました。歴史は人が作るものであり、人は間違いを犯す。それを教えることが次世代に対する責任だと思います。だからドイツでは二度と同じ間違いを犯さないために、義務教育でナチスとホロコーストの歴史を詳しく学ぶんですよね。

田嶋　それだけでなく、戦争犯罪人の最後の一人までを追うつもりで、長年にわたって海外まで捜して捕まえて、処罰しているよね。ドイツに比べてなんでこんなに日本の政治家たちは往生際がワルイんだろう。昔風に言ったら、一番「男らしくない」政治家たちだよね。修正、削除なんてしてたら、本来、過去から学ぶべきものも学べなくなってしまう。

アル　私が大好きな『進撃の巨人』にこんなセリフが出てきます。〈君達に責任は無い。同じ民族という理由で過去の罪を着せられることは間違っている。（中略）お前達も世界の憎しみを一身に背負いわれは無い…。だが…この…血に塗れた愚かな歴史を忘れることなく後世に伝える責任はある〉[*15]

田嶋　膝パーカッション。政府が教育に介入して歴史を修正するなんて無責任すぎる。

アル　安倍政権の長期化でメディアが自民党の顔色をうかがうようになって、ちゃんと批判しなくなりましたよね。

田嶋　情けないね……。自民党は昔もＮＨＫにちょっかい出してたでしょ。慰安婦問題の日本の責任を追及する番組に安倍晋三[*16]さんたちが抗議して内容を変えさせた２００１年の「ＮＨＫ番組改ざん事件」とか。そのときＮＨＫの職員で辞める人も出た。昔の方がメディアももっと自由に物を言えたと思うよ。

女性議員が少なすぎる

アル　メディアや国民が批判しないから、政府は好き勝手やってる。おじさんとおじいさんだらけの国会で、ジェンダーの問題はずっと後回しですよね。

田嶋　いつまで選択的夫婦別姓や同性婚[17]の議論を続けるんだろう？　選択的夫婦別姓はもう四半世紀以上も議論してるでしょ。国連からも勧告をうけている。決めたくないことを「議論、議論」って先延ばしにするのはずるいし無能だと思う。

アル　選択的夫婦別姓も同性婚も国民の過半数が賛成してるのに、まったく聞く耳を持たないですよね。経口中絶薬もようやく承認申請されたけど、海外だと平均価格が７００円くらいなのに、日本だと10万円くらいになりそうだと言われてます。中絶方法もＷＨＯからやめるように言われている掻《そう》爬《は》法《ほう》[18]がまだ行われてます。

田嶋　本当に女性の権利や健康、体のことは後回しだよね。不妊治療の保険適用みたいに産むための支援は出てきたけど、避妊方法の選択肢が少ないし[19]、中絶も配偶者同意[20]が必要だし「女は産む機械[21]」って考えから進歩してない。女性の自由度の少ないところで少子化が進むということ、どれだけわかっているのだろうか。

アル　女は男の種を残すための産む機械だから、自己決定権を与えたくない。だからピルの認可も30年ぐらい遅れたんですよね。女性の性が乱れるとか言いやがって、バイアグラは一瞬で解禁したくせに。マジで法螺貝を吹いて出兵したくなりますが、最近はようやくSRHR（セクシャル・リプロダクティブ・ヘルス&ライツ）[*22]って言葉も聞くようになって、問題が可視化されるようになったのは進歩かもしれません。

田嶋　それでも日本は世界の中でどんどん置いてきぼりになってるでしょ。

アル　ジェンダーギャップ指数でいうと、日本は政治分野では146カ国中139位と最下位レベルです。女性議員の数を増やさないと、政策の優先順位も変わりませんよね。

田嶋　でも女性なら誰でもいいわけじゃなくて、女性の生き方を邪魔する女性議員もいるでしょ。2000年代の性教育やジェンダー教育のバックラッシュの旗振りしてたのは安倍晋三さんと山谷えり子[*23]さん。七生養護学校の性教育バッシング[*24]は有名だよね。知的障がいの子どものように、理解が難しい子こそ性教育が必要だと思うのだけど。性的同意とか避妊とかしっかり教えないと。新聞などで、特別支援学校の生徒さんが教員から被害に遭っている話を読むと胸が痛む。

アル　海外では「障がいのある子どもこそ、被害者にも加害者にもさせないための性教育が必

田嶋 要だ」と知られているのに。七生養護学校が「いきすぎた性教育」と不当にバッシングされて、教育現場がものすごく萎縮してしまった。それで日本の性教育が一気に後退してしまったのが本当に悔しいです。

田嶋 でも、ここ数年で性教育は必要だってみんな気づき始めたんじゃない。テレビで取り上げることもあるし、本もたくさん出てるよね。たとえば性教育を日常化しようっていう運動で、鶴田七瀬さんが代表の一般社団法人ソウレッジが「性教育トイレットペーパー」という活動をやっている。ユネスコの「国際セクシュアリティ教育ガイダンス」をもとに、専門家の監修を入れて作ったトイレットペーパーを小学校のトイレに使うというわけ。とにかく10代からの望まない妊娠とか、子どもたちが性被害に遭わないようにするためにはどうするかが印刷してある。すごく役に立つ。

アル 本来は全ての子どもが義務教育で学べるようにするべきですよね。たとえば包括的性教育が進んでいるオランダでは、初性交年齢が高く、10代の妊娠や中絶が少ない。正しい知識を教えることで、子どもは自分を守れるようになるんです。そんなデータがあるにもかかわらず、日本は「性が乱れる」の一点張りで「性教育」という言葉すら使えない。妊娠について教えるのに性交について触れちゃいけないなんて、どんなトンチだって話ですよ。

田嶋　本音は戦前の純潔教育に戻したいんだよ。そうやってジェンダーや女性の権利のことを邪魔してくる若手の女性議員もいるでしょ？

アル　自民党の杉田水脈[*25]議員は２０１８年に『新潮45』（新潮社）に「ＬＧＢＴは子どもを作らないから生産性がない」といった内容を寄稿し、２０２０年には性暴力被害者支援事業に関して「女性はいくらでも嘘をつける」と二次加害発言をしています。田嶋先生は保守派の女性を「父の娘」とおっしゃってますけど、やはり中身が「おじさんのコピー」だからですか？

田嶋　彼女らは男社会のその中でも長老に受け入れてもらいたくて過剰適応している。女性が1割とか2割だと、男社会の代弁者みたいな人しか議員になれない。男社会に過剰適応してるのは利益があるからで、国会も女性議員の数が30％以上に増えると本音を言えるようになって、一気に情勢、状況が変わるはず。

アル　マイノリティの意見が反映されるには最低3割は必要、というクリティカルマス[*26]ですね。女性の声が大きくなって無視できなくなれば、政界もオセロのようにひっくり返りますよね。

田嶋　そうそう。だからやっぱり女性を増やすしかない。

アル　そのためにクオータ制やパリテ[*27]を導入しようって話なのに、ジェンダー平等を掲げている野党の男性議員が「逆差別」と発言したこともあるんですよ。

田嶋　誰がそんなこと言うの？

アル　小川淳也[*28]さんが「逆差別でもやらなきゃ[*29]」ってトンチキ発言をしてました。

田嶋　まさか、そのレベルなの？

アル　多分よくわかってないいんですよ。小川淳也さんは私の友人でもあるライターの和田静香[*30]さんから、ジェンダーや性差別の話を聞いてるはずなんですよ。それなのに学んでないのか……とがっかりしました。私、香川一区の選挙ではめっちゃ小川さんを応援してたのに。

田嶋　その気があるんだからしつこく教えるしかない。どうしても、男女で見えてる世界が違うから、理解にはものすごい想像力がいる。これまでの偏見にまどわされて、リベラル派でもわからない男性はたくさんいると思う。あなたが中学でやったように教えるしかない。

アル　立憲民主党は性交同意年齢の引き上げについて議論を行っている場で「50歳の自分と14歳の子が真剣に恋愛しても犯罪になるのか」と発言した男性議員がいました。これだけグルーミング[*31]とか問題になってるのに、全然わかってないいんだなって。なんでもっと勉強しないいんだろう。

田嶋　性には興味津々でも正義としての性差別や性暴力の問題に興味がない、ましてや二級市民の問題や子どもの問題は一般に男たちにとって優先順位が低いから勉強しないんだよ。でも立憲はジェンダー平等を掲げてるんだから、ちゃんと勉強してほしいよね。そういう意味では、日本共産党はすごいと思う。党としてきちんとジェンダーを勉強してるんじゃない？

アル　そうですね、アキラとか……って呼び捨てにしてますけど（笑）、私はYouTuber小池晃[*32]が好きなんです。アキラが鋲つきの革ジャンを着てライブに行ったり、犬と散歩したりクッキーを作ったりして面白いんですよ。

田嶋　へえ！　あの人が（笑）。

アル　ああいう動画を見て「アキラ、推せる」となって、政治に興味を持つ人も多いと思います。小池さんは国会でジェンダー関連の質問をすることも多くて。＃ＫｕＴｏｏについても「女性にだけ苦痛を強いる服装規定はなくす、と政治の決意を語っていただけませんか？」と質問したら、安倍さんも「合理性を欠くルールはあってはならない」って珍しく意見が一致して。小池さんが「安倍首相との質疑でこういう最後になることは今まで経験がない」って言って、国会が笑いに包まれてました。

田嶋　あはは（笑）。安倍さんもそこはすんなりＯＫだったんだ。

アル　共産党の山添拓[*33]さんも、男女の賃金格差や不同意性交罪の創設や堕胎罪の廃止などに積極的に取り組んでます。他党の男性議員たちも、ジェンダーつよつよなヤマタクを見習ってほしいですよ。

田嶋　少なくともジェンダー平等を掲げている党の議員たちには、しっかり学んでほしい。生兵法は大ケガのモト。

アル　党でジェンダーに関するテストをして、点数を廊下に張り出してほしい。それで「小川くん、きみ0点やないか」とか怒られてほしいです。

田嶋　廊下に張り出すぐらいしないと、なかなか勉強しないかもね。そういう面では、共産党が一番まっとうだよね。ジェンダーが入り口になって、共産党を応援する人たちも多いんじゃない？

アル　そうなんですよ。池内さおりさんや吉良よし子さんや池川友一さんとか、女性や子どもの問題に本気で取り組む人が多いから「共産党を箱推しだったわけじゃないけど、推し議員がたまたま共産党だった」という人は多いです。あと「共産党」も「フェミニスト」と同じで悪口に使われがちなので、そこにもシンパシーを感じます（笑）。

田嶋　共産党アレルギーの人がいるからね。

アル　私も政治批判をしただけで「パヨク」「共産党のスパイ」とかネットで書かれるんですよ。

スパイだったらもっと秘密兵器を搭載した車とか乗ってますよね？　私なんて運転免許すらないのに。公共交通機関しか使わないスパイを見たことあるか、と聞きたいです。

生活が苦しいのは自己責任ではない

アル　日本人は真面目ながんばりやさんだからこそ、都合のいい奴隷にされやすいですよね。政治がクソなせいで生活が苦しいのに、[*34]「努力が足りない」「もっとがんばらなきゃ」と思わされてしまう。最近は「年収200万円の節約術」「手取り15万円の暮らし」など節約をテーマにしたコンテンツが人気で「貧しいなかでも生き抜くライフハック」みたいな情報発信が増えてます。「欲しがりません勝つまでは」みたいですよね。

田嶋　うん。

アル　自家栽培の豆苗を5周してるとか、生活が苦しいのを自己努力で乗り越えようとして、政治を変えようとは思わない。というか、思えなくさせられてるんですよね。

田嶋　メディアも節約情報を紹介してる場合じゃなくて、なんで政治を批判しないの？　そんなに生活が苦しいのも、本来は政治で変えられるはずなんだよ。みんなもっとちゃんと文句言わなきゃ。

アル　「文句言うな、黙ってお上に従え」と奴隷にされてるけど、主権者は国民であって、我々が主人、つまり雇い主なんですよ。だから「ふざけた税金の使い方するな」と怒らなきゃいけないいし、ダメな政治家はクビにしなきゃいけない。自分が苦しいのは政治のせいであって、自分のせいじゃない。それに気づくと気持ちが楽になりますし、政治にも関心が向くと思います。

田嶋　まさにパーソナル・イズ・ポリティカル[*35]。

アル　「個人的なことは政治的なこと」ですね！　私はこの考え方をフェミニズムに出会って知りました。私がフェミニズムに出会って生きやすくなったのって「自分のせいじゃない」と思えたことが大きかったんです。

田嶋　個人の問題じゃなくて、社会構造や仕組みの問題だと気がつくと、自分が悪いわけじゃないって思えるよね。自分を責めていると、どんどん苦しくなる一方でしょう。

アル　私、中高生向けの授業で「真のラスボスは誰か？」という話をよくしてるんですよ。

田嶋　真のラスボス？　どんな話？

アル　小学校教員の星野俊樹さんが、インタビュー[*36]で自身の小学校時代の話をしてたんですね。〈（運動会で）男子は騎馬戦と組体操、女子はチアダンス、と性別によって種目が決まっており、選択肢はありませんでした。しかも男子は全員、上半身裸にさせられたのです。／練習では、指導と称して先生たちから太鼓のバチで殴られたり、ビンタをされたり。裸だったためケガが絶えませんでした。／そのときに僕を含めた男子たちから上がったのは、「組体操が嫌だ」「裸になりたくない」という訴えではなく、「女子はずるい」という不満でした。「自分たちは叩かれながら練習しているのに、女子は楽をしている。不公平だ」と。／（略）自分たちのつらさを大人に訴えることができない代わりに、怒りの矛先を女子に向けていたのです〉

田嶋　そうか。自分が苦しいと、先生はこわいから、自分よりもっと弱い人を叩く方向にいってしまう。それって家族の写し絵じゃない。父親は仕事で受けた屈辱を家に帰って妻や子にあたるってのと同じ。

アル　日本と同様、男尊女卑の根強い韓国では「女は兵役に行かなくてずるい」と女叩きが激化してるそうです。そうやって怒りの矛先をそらすことで得をするのは、権力者ですよね。決定権を持つ自分たちは批判されず、女を叩いてくれたほうが好都合。そんな策略にハマってたまるかよ！とみんなに気づいてほしい。自分たちを苦しめているのは誰？闘うべき真のラスボスは誰？と考えてほしい。そうすれば男女は仲間として連帯できるし、みんなが生きやすい社会になる——という話を子どもたちにしています。

田嶋　いいねぇ。すばらしい！　今日はもうこの話で終わりだよ。

アル　いやもうちょっとだけ続くんですよ（笑）。

＊1【合計特殊出生率】15〜49歳までの女性の年齢別出生率を合計したもの。一人の女性が一生の間に産む平均子ども数。2021年の日本の合計特殊出生率は1・30。

＊2【PACS】1999年に制定された民事連帯契約制度。性別を問わずに共同生活を送るために結ぶ契約。解消は片方の申し立てによってできる。婚姻より緩く、事実婚よりは法的権利が保障されている。

＊3【都立高校の男女別定員制】中卒予定者の男女比率によって定員を設けているため合格最低点に男女差が生じている。都は1999年より9割を男女別に合否判定した後に残りを男女混合で合否判定を行う緩和制度を行っているが、それでも多くの場合、女子の合格最低点が高かった。

＊4『毎日新聞』より2022年7月13日公開。(https://mainichi.jp/articles/20210526/k00/00m/040/003000c)

＊5『毎日新聞』より2021年5月26日公開。(https://mainichi.jp/articles/20220713/k00/00m/040/208000c)

＊6【岸本聡子】1974年–／東京都杉並区長（2022年6月当選）・公共政策研究者。

＊7【『モヤる言葉、ヤバイ人』】（大和書房）。

＊8【持続化給付金】新型コロナウイルス感染拡大により一定の売上減の影響を受けた中小企業や小規模事業者、個人事業主を対象とした給付金。

＊9【税金の負担率の上昇】租税負担と社会保障負担を合わせた国民負担率が上昇傾向にある。令和4年度の見通しは46・5%。国民負担に財政赤字を加えた潜在的な国民負担率の令和4年度の見通しは56・9%。

＊10【大学の学費の高騰】昭和50年の授業料は国立大学が3万6000円、私立大学が18万2677円。令和3年の授業料は国立大学が53万5800円、私立大学が93万943円。

＊11【『北欧の幸せな社会のつくり方』】あぶみあさき著（かもがわ出版）。該当部分はp58。

＊12【森喜朗】1937年–／第85・86代内閣総理大臣。

＊13【麻生太郎】1940年－／第92代内閣総理大臣。

＊14【主権者教育】政治や社会問題を自分ごととして捉え、自分で考え判断し行動する人を育てる教育。

＊15『進撃の巨人』（講談社）諫山創作。32巻128話より。

＊16【安倍晋三】1954－2022年／第90・96－98代内閣総理大臣。

＊17【同性婚】2022年10月現在、日本では同性婚の制度はない。2015年より自治体ごとのパートナーシップ制度が施行され、人口カバー率が5割を超えている。しかし、法的な結婚とは異なるものであり、同性婚ができないことで相続ができない、命の危機に関わるようなときに病院での面会が認められないなど法的に結婚できないことで不利な状況が生じている。

＊18【掻爬法】子宮内を掻き出す形で中絶を行う方法。WHOは2003年には安全な中絶は中絶薬と吸引法であると示しており、2022年の『中絶ケア・ガイドライン』で掻爬法（D&C）を使用しないことを推奨している。

＊19【避妊方法の選択肢が少ない】日本で利用できる避妊方法はコンドーム、低用量ピル、IUD（子宮内避妊具）。海外では避妊パッチや避妊シール、避妊注射、インプラントといった避妊方法もある。

＊20【配偶者同意】前提として日本には現在でも堕胎罪があり、母体保護法で一定の人工妊娠中絶を認めている形である。その条件の中に「妊娠の継続又は分娩が身体的又は経済的理由により母体の健康を著しく害するおそれのあるもの」があり、この場合には本人と配偶者の同意が必要となっている。なお、母体保護法で規定されている配偶者は婚姻関係にある人か事実婚の関係にある人を想定されていたが、現実には未婚でもパートナーの同意を求めていることも珍しくない。

＊21【女は産む機械】2007年、当時厚生労働大臣だった柳澤伯夫氏による発言。

＊22【SRHR（セクシャル・リプロダクティブ・ヘルス&ライツ）】日本語訳で「性と生殖に関する健康と権利」。自分の性に関して自分で決める権利、子どもを産む産まない・産むなら何人・いつ産むかを自分で決められること、妊娠や出産、中絶といった生殖に関する知識を得られ、自分で決められる権利など。

＊23【山谷えり子】　１９５０年－／参議院議員。

＊24【七生養護学校の性教育バッシング】　東京都日野市の七生養護学校（現：都立七生特別支援学校）では、１９９０年代半ばから手作りの人形で体の違いを教えたり、性教育の歌を歌ったりして、子どもに理解できる形での性教育を実践していた。実際に子どもが下ネタを連呼しなくなるなど、良い効果も見えていたが、保守系の政治家に批判されたことをきっかけにバッシングを受ける。都や都議から性教育をやめるよう言われ、校長や関わっていた教員が懲戒処分や厳重注意を受けたものの、その後の裁判で、都と都議が負けた。

＊25【杉田水脈】　１９６７年－／衆議院議員。

＊26【クリティカルマス】　集団の中で影響を及ぼすために最低限必要な数値。女性登用について一般的に「30％以上」と掲げられるのは、米ハーバード大学のロザベス・モス・カンター教授の「黄金の３割」が根拠。

＊27【パリテ】　フランス語で同等、同一を意味する。フランスでは２０００年にパリテ法が制定。各政党に対し、男女同数の候補者擁立を義務付けている。２０１９年時点でフランスの女性議員割合は約40％。

＊28【小川淳也】　１９７１年－／衆議院議員。

＊29　２０２１年の立憲民主党代表選でのこと。

＊30【和田靜香】　１９６５年－／音楽・相撲ライター／『時給はいつも最低賃金、これって私のせいですか？　国会議員に聞いてみた。』『選挙活動、ビラ配りからやってみた。「香川１区」密着日記』（左右社）。

＊31【グルーミング】　英語では動物の毛づくろいを意味する言葉だが、性犯罪においては加害者が言葉巧みに子どもの信頼を獲得する行為のこと。

＊32【小池晃】　１９６０年－／参議院議員。

＊33【山添拓】　１９８４年－／参議院議員・弁護士。

＊34　実質賃金は右肩下がり。平均世帯所得が25年前に比べて年間１００万円以上下がっている一方、国民負担率（租税負担率と社会保障負担率の合計）は年々上昇。日本人の可処分所得は減少傾向。

＊35【パーソナル・イズ・ポリティカル】個人的なことは政治的なこと。第2波フェミニズムのスローガン。個人の悩みを社会問題として捉える考え方。

＊36『OTEMOTO』より2022年8月4日公開。（https://o-temoto.com/akiko-kobayashi/toshikihoshino2/）

女性が1割とか2割だと、男社会の代弁者みたいな人しか議員になれない。男社会に過剰適応してるのは利益があるからで、国会も女性議員の数が30%以上に増えると本音を言えるようになって、一気に情勢、状況が変わるはず。

（田嶋陽子）

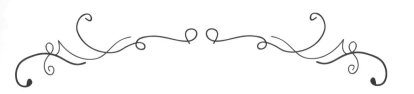

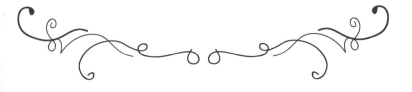

「文句言うな、黙ってお上に従え」と奴隷にされてるけど、主権者は国民であって、我々が主人、つまり雇い主なんですよ。だから「ふざけた税金の使い方するな」と怒らなきゃいけないし、ダメな政治家はクビにしなきゃいけない。自分が苦しいのは政治のせいであって、自分のせいじゃない。それに気づくと気持ちが楽になりますし、政治にも関心が向くと思います。

（アルティイシア）

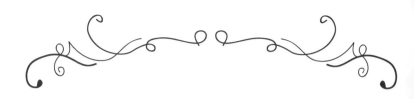

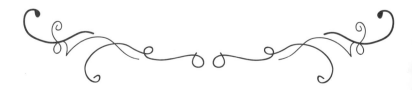

LET'S
DISCUSS FEMINISM!!

第**5**章

私たちの怒りは喉元まできている

学問ではないフェミニズムが響いた

アル　私は田嶋先生の本でフェミニズムに出会って、そこから上野千鶴子[*1]さん、小倉千加子[*2]さん、斎藤美奈子[*3]さん……とフェミニストの先輩方の本を読むようになりました。だから上野さんのことも尊敬していて、国連主催のイベントで共演したときは、嬉しさのあまり本番中におしっこしたくなってトイレに行きました（笑）。いわゆるウレションですね。上野さんと田房永子[*4]さんの対談本『上野先生、フェミニズムについてゼロから教えてください！[*5]』で田嶋先生のことが書かれてるんですよ。

田嶋　悪口（笑）？

アル　いえ褒められてます（笑）。上野さんが〈最近、田嶋陽子の歴史的再評価が進んでいるようです。（中略）そういう時代がきたのかって感慨深い。田嶋さんってすごく人柄のいい人なのよ。研究者としてもいい論文書いてるし、もっと評価されていい人だよね[*6]〉っておっしゃってます。

田嶋　それはそれは。私はとにかくいろんな抑圧から解放されて自分が楽になりたかった。

アル　上野さんとは昔、一緒に泊まることもあったんですよね。

田嶋　そう。とにかく「フェミニズムを盛り上げよう」って空気があって、みんな一緒にやってた。ただ、上野さんは社会学の学者さんで、私は資本主義であろうと何であろうと、男社会の中で苦しまないで生きていくにはどうしたらいいかということしか考えていなかった。資本主義社会の悪の部分は承知しながらその中で、少しでも変えられることは変えることで生きやすくなるはずだと思った。企業に勤めるのは悪みたいな風潮があったけれど、私は、企業で勤めて稼ぐのは性別関係なく生きていくために必要なことだと思った。その中で変えていく。

アル　そっか、当時はそれで意見が割れたんですね。

田嶋　いやいや、私はその分野の学者ではなかったし、私が勝手についていけないと思っただけ。フェミニズムが学問のためのものになってる気がして、私の考えとはちょっと違うかなって思った。私はマルクス主義フェミニズムやエコロジカル・フェミニズムのように、既存の学問や思想がフェミニズムの頭に乗っかったものを「冠つきのフェミニズム」と呼んで批判してきたの。それらは男性主導に鈍感だったり、資本主義批判や近代主義批判をしていたり、人権問題としてのフェミニズムが後回しにされている気がした。

アル　田嶋先生の「〝冠つきのフェミニズム〟ではなくただのフェミニズムでいい」[*7]という文

章はすごく印象に残ってます。

田嶋　「冠つきのフェミニズム」は既存の思想や学問をベースに、それぞれの専門家がフェミニズムについて語っているもの。男性が作った主義主張に女性が乗っかって、それに「フェミニズム」と付け加えただけだから、あまり女性のためになっているとは思わなかった。女と男の関係はどんな社会にもあるので、女と男がいる限り、そこに差別的関係は起こりうる。昔は、社会・共産主義国になれば女性は解放されるような幻想があったけれど、そうじゃないことがわかった。今度、私の『愛という名の支配』が韓国語と中国語に翻訳されて出版されることを考えてもね。

アル　田嶋陽子の時代が来てますね!! 先生はご自身の体験や苦しみから生まれた言葉でフェミニズムを語ってますよね。そういう腹から出た言葉だからこそ、私にはすごく響きました。もちろん学問や研究は大事だけど、学問的になりすぎると、一般の人が「自分とは関係ない」「難しいしよくわかんない」と思って、ハードルが高くなりますよね。結果、フェミニズムのバトンがつながりにくくなってしまう。

田嶋　私や駒尺さんはいつも「既成の学問なんて関係ない」って話してたの。私はフェミニズム理論を学んで『愛という名の支配』を書いたわけではなくて、自分の体験をもとに自分が解放されたくて、考えてきたことを書いたんだよね。学問に貢献するというより、

アル　何よりもまず自分が自由で楽になりたかったわけ。先生の言葉で大好きなのが〈フェミニズムなんて言葉を知らない人でも、フェミニズムの生き方をしている人もいる。勉強した長さじゃないの。その人がどうありたいかなの。だからフェミニズムで人を差別しちゃいけないし、されてもいけない〉[*8]。私は大学で専門的に学んだわけじゃないし……と遠慮してたけど、フェミニズムって生き方なんだ！と励まされて。だから私も胸を張って「オッス、おらフェミニスト！」と名乗ろうと思えました。

田嶋　あなたが褒めてくれた『ヒロインは、なぜ殺されるのか』も、もとはみんな高校時代に図書館で読んだ名作が素養になってるんだよね。トルストイ[*9]とかトーマス・マン[*10]とか、モーパッサン[*11]とか、学校の授業をサボって読んだ文学作品が謎解きの根底にある。当時はフェミニズムって言葉は私の中にはなかった。ただ高校の英語のスピーチコンテストではイプセン[*12]の『人形の家』を語っていた。

アル　フェミニズムという言葉がなかった時代に、自分でフェミニズムを発見したのがすごいです。今は＃ＭｅＴｏｏのように、一般の人が自分の経験をもとに声を上げてますよね。「こんなのおかしい、許せない！」って。

田嶋　一人一人の経験をベースにフェミニズムは語れるのよね。フェミニズムって言葉を知らなくても、専門的に学んだわけじゃなくても。一番大切なことは、その人がどうありたいかだから。それを推し進めるとフェミニズムのエッセンスに行きつく。

アル　第4波フェミニズム、SNSを使った新しいフェミニズムがこれだけ広がっているのは「自分の言葉で語っていいんだ」「自分も声を上げていいんだ」とみんなが思えたからですよね。

田嶋　あなたの文章も、冠つきのフェミニズムじゃなくて、自分の体験から出た言葉だよね。だから同じような生きづらさを感じる人たちに届くんだと思う。

アル　フェミニズムのフェの字も知らない人にも伝わるように、と思って書いてます。じゃないとフェミニズムが広がらないので。

田嶋　そういう人に届くために、あなたのユーモアが役に立ってる。全然知らない漫画の話が出てきても笑えるもの（笑）。そういう笑いが入ってると、フェミニズムに無関心だった人にも、ちょっと身構えていた男性にも届きやすいと思う。

アル　ありがとうございます！　先生が駒尺さんと「世間に笑い飛ばしながら伝えていくしかない」「二人で漫才をやろう」と話していたように、面白くないと見てもらえませんよね。特に今はコンテンツが溢れていて、面白いものが無限にありますから。

田嶋　スマホでいくらでも見られるもんね。

アル　そう、それにヘルジャパンでみんな疲れてるから、ちょっとでも笑って元気が出るものを書きたくて。私の文章は「軽すぎる」と怒られることもあるけど（笑）、あんまり重いと見てもらえないし、見てもらえないとフェミニズムが前に進まないから。

田嶋　やさしい日常語で語れるってことは、実力があるってこと。フェミニズムのエッセンスがわかっているということ。そこが今までのちょっとひとりよがりのフェミニストとは全く違う、新鮮な表現になっています。

アル　めっちゃ褒められてる……ウレションしそう。実は上野さんにも「あなたのユーモアが素晴らしい」と褒めてもらったんです。生まれつきふざけていてよかったです。

田嶋　真面目にやってても、ふざけてる？と聞かれるんでしょ（笑）。

アル　そうなんです。親の葬式でも、葬儀屋さんに「骨の焼き上がりはいつですか？」「また死人が出たらお願いします」とか言って、親せきにたしなめられました。

#MeToo以降の最近のフェミニズム

アル　石川優実[13]さんのツイートから始まった#KuTooも大きな影響があって、ヒールの義務化を廃止する企業が出てきました。田嶋先生は1985年に「自分の足を取りもどす」というエッセイを書かれてますよね。ハイヒールをやめたらどんどん歩けて、血の巡りがよくなって、腸の動きもよくなって「ぷうっとおならが出る」って（笑）。

田嶋　あはは（笑）。ヒールをやめて、最初に履いた靴がぺったんこの黄色い靴。いつも駅から家までバスやタクシーで帰っていたんだけど、初めて自分の足で歩いて帰れて、すごく嬉しかった。あのエッセイは自分でも好きだよ。

アル　エッセイの中でこうも書かれています。〈ハイヒールがたとえ「女性を美しくみせる一つの大きな道具」であるにしても、足腰を痛めながら無理して履いている人のいることや、履きつづけて体をこわす人がいるかもしれないことを知ったら、人はその不自然な女の装いをそれほど手放しで美しいとは言えなくなるのではないか。せめて働くときくらい、自分の体に合った靴を選んで、正々堂々と人の目を気にせず履きたいものである[14]〉。

田嶋 これってまさに#KuTooですよね。

アル 今はこういうことをネットで訴えて、それが社会を変える動きになるのが素晴らしい。2017年の伊藤詩織さんの告発から始まり、#MeToo、フラワーデモと、ここ数年の社会の変化は大きいです。2019年に性暴力に関する無罪判決が相次いで、北原みのりさん[*15]や松尾亜紀子さん[*16]を中心にフラワーデモが始まって。その後、無罪判決の4件中3件が逆転有罪になりました。2022年1月には、15歳の養子に性虐待していた父親に懲役18年の判決が言い渡されて、検察側が被害者や支援者によるデモに言及したんです。「刑事司法に対し、一般社会から厳しい目が向けられていることを刑事司法に携わる法曹一人ひとりがしっかりと心にとどめなければならない」って。

田嶋 裁判でそうやって言及するのは異例だよね。市民の声が社会を変えているのは確か。

アル 今年（2022年）も映画界や演劇界から性暴力の告発があって、元自衛官や元舞妓の女性も声を上げてます。

田嶋 口をふさがれていた女性たちが声を上げ始めた、それは大きな変化だし、前進だね。

アル 詩織さんの告発や#MeTooに背中を押された人たちは多いと思います。一方で、声を上げた女性たちはひどいバッシングにさらされてます。詩織さんも売名、枕営業、ハニトラ、反日左翼……と膨大なデマや誹謗中傷を流されて、日本に住めなくなりました。

田嶋　バッシングによって住む場所さえ奪われるなんて、許せない。

アル　だからこそ「勇気と覚悟を持って声を上げた彼女らを一人にはしない」と連帯を示すことが、私たちにできることですよね。詩織さんの告発の後、私は寝ても覚めても彼女のことを考えていて、それが「行動する傍観者」の動画制作につながりました。

田嶋　そうだったの。あなたのように連帯したいと思う人たちが大勢いたから、時代が進んだということかな。

アル　私は「私たちの世代がもっと闘っていれば、被害を止められたんじゃないか」という後悔があるんですよ。私が若い頃は性被害に遭っても我慢するしかなかったし、男社会を生き延びることに必死で、声を上げる余裕なんてなかった。それでも、どうしても後悔が消えない。この後悔を死ぬまで抱えていくのが自分の責任だと思ってます。

一人一人に社会を変える力がある

田嶋 私が津田塾大学に通ってた頃、大学から駅まで帰る途中に太宰治が自殺した川があって、そこに下半身を出す男が出没してね。

アル 怖い！ 亡霊かと思いますよね。

田嶋 その男が出るのを知ってるから、同級生と一緒に帰るんだけど、一人で帰らなきゃいけないときは本当に嫌だった。でも、どうしたらいいかわからなかった。当時は警察に通報するって考えもなかったから。

アル 当時「痴漢」という言葉はあったんでしょうか？

田嶋 言葉はあっても、犯罪として認知されてなかったと思う。だって漢という字が「オトコ」と読むでしょう。オトコという字は基本良い意味で使われるよね、正義漢とか熱血漢とか。

アル 小川たまかさんの『告発と呼ばれるものの周辺で』[*17]に書かれてますが、80年代は男性向けの雑誌で『スレスレ痴漢法』なんて特集が組まれてました。「美人をさわるのがコツ」

といったノウハウや、痴漢しやすい路線情報まで載ってたんですよ。こうした痴漢を娯楽として消費する文化があったから、日本は「痴漢天国」なんて呼ばれるんですよね。海外では「CHIKAN」という言葉が知られていて、「日本への渡航者は痴漢に気をつけて」と政府が注意喚起している国もあります。

田嶋　ここまで女性をモノ扱いする男文化にはひどすぎて吐き気がする。近ごろ痴漢は依存症[*18]という本が出ましたね。病気なんだから治療を受けるべきなんだけど。こんな状況なのに「日本は性犯罪が少ない、安全な国だ」なんて言ってる人たちがいるでしょ。

アル　日本は性犯罪の暗数がものすごく多いんですよね。痴漢被害を通報したのは1割以下で10倍以上の暗数があり、レイプ被害を通報したのは5％以下で20倍以上の暗数があると言われてます。あと国によって統計の取り方も違うんですよ。たとえば、スウェーデンではレイプが起こった回数で一件とカウントされる。たとえば近親者が長年にわたり複数回レイプした場合などは、一件ではなく回数で加算されるんです。

田嶋　表に出る数字が少ないから、日本は性暴力問題に本気で取り組まないのかもしれない。女性専用車両ができたように、進んだ部分もあるけど。

アル　「女性専用車両は女性優遇、逆差別だ」とか言う人たちもいますけど。

田嶋　それは女性差別が何かを理解してない人たちの発言。女性専用車両が必要なのは、それ

アル　だけ多くの女性が痴漢に遭ってるからじゃない。なんで男は女に痴漢行為ができるの？考えろよって。

田嶋　そうなんですよ。性犯罪の加害者の95％以上が男性で、被害者の90％以上が女性です。男性の被害者は未成年の子どもが多いです。加害者臨床の専門家である斉藤章佳さんによると、電車内痴漢は加害者の99％が男性です。つまり男性に痴漢するのも男性なので、男性専用車両を作っても男性の被害は防げないんですよね。あと「男性専用車両を作ったら乗るか？」というネットのアンケートを見たら、多くの男性が「むさくるしいからイヤだ」と答えてました。作っても乗らんのかいと。

アル　なんでもかんでも「逆差別」って言いたがる、バカの一つ覚えの男がいるんだよ。学ぶことさえ知らない。そういうのは放っておくにかぎる。

田嶋　性暴力の話になると「男VS女」と捉えられがちだけど、これは「善良な市民VS性犯罪者」という話ですよね。痴漢がいなくなれば女性専用車両は必要なくなるし、冤罪の不安もなくなるでしょう。だから善良な市民が「痴漢をやめろ」「性暴力を許さない」と声を上げていこう！と呼びかけてます。

アル　あなたは神戸で痴漢撲滅アクションをしてるんでしょう？

田嶋　はい、まずは2022年の1月に「鉄道事業者や兵庫県警に対する痴漢対策強化の要請」というアクションがありました。以前から「共通テスト痴漢祭り」など、大学入試共通テストの受験生を狙った痴漢を煽る書き込みがネット上に多数あって、問題視されていたんです。それに対して、兵庫県議の喜田結さん、神戸市議の松本のり子さん、私のフェミ友のノラさんたちが、兵庫県警と関西の鉄道各社に「受験生を狙った加害が煽られている、痴漢対策を強化してほしい」と要請したんです。それを受けて県警と鉄道会社が対策強化に動いて、ツイッターでも「#共通テスト痴漢撲滅」「#受験生を守ろう」と呼びかけたところ、多くの人が拡散に力を貸してくれました。このムーブメントはメディアでも取り上げられて、試験前日に毎日新聞の記事が出たことで「#痴漢祭り」がトレンド入りして、一気に広がったんです。

田嶋　すばらしい。市民と議員とネットとメディアの力で、社会が動いたんだ。

アル　その後も神戸市交通局が痴漢撲滅ポスターを作って掲示したり、女性の鉄道警察隊員が増員されたり、痴漢対策が前に進んでるんですよ。

田嶋　見事な成果ですね。神戸市の取り組みも素晴らしい。でも他の自治体はまだまだ遅れてるでしょ？　いまだに被害者に注意を呼びかけるポスターもあるよね。「痴漢や盗撮に気をつけましょう」じゃなくて「痴漢や盗撮をやめろ」って言わなきゃいけないのに。

アル　膝パーカッションです！　ちょっと前まで神戸もそうだったんですよ。喜田さんや松本さんらの働きかけによって「チカンに遭ったら、見たら迷わず110番!」と通報を呼びかけるポスターが作られて、市バスや地下鉄車内などに貼られるようになりました。

田嶋 いい通報呼びかけだね。リーダーがいれば、県も市も動く。一つ変わるだけでもすごいこと。

アル 今回のアクションを通じて「一人一人に社会を変える力がある」と実感できたし、痴漢される子どもが一人でも減るかもしれないと思うと「生きててよかった……」と、心底思えました。それって最高に幸せなことだし、政治参加も「自尊心の筋トレ(@長田杏奈さん)」になると思います。

田嶋 「自尊心の筋トレ」いい言葉だね。政治にコミットすることで、社会が変わって自分も幸せになる。それって素晴らしいことだよね。

アル 神戸市のアクションは、フェミ友のノラさんが関西の鉄道各社に痴漢対策強化を訴えたけど、ゼロ回答だったことがキッカケなんです。その後、ノラさんがたまたま喜田さんと松本さんが街頭演説しているところに通りがかって、「鉄道会社がやる気なくて困ってる」と相談したことから、大きな動きにつながったんですね。それでしみじみ思ったのが「議員iSすごい」。議員は力を持ってるんだから、それを困ってる人のために使ってもらわなきゃ困るんだって。

田嶋　そうだよ、議員の使い方ってのがあるよね。あなたのお友達みたいに、まずは地元の議員に相談してみるのもいいね。

アル　まずは自分の地元にどんな区議や市議や県議がいるか調べるところから始めるといいかも。あと私はアクションを通じて、地元に友達が増えて嬉しいです（笑）。

田嶋　まずはみんながそれぞれの場所で、自分にできることをやってみること。小さなことでもいいの。みんなの小さなアクションの積み重ねが、今よりいい未来につながるんだから。それと、そろそろアルテイシアさんが選挙に出ることを考えてもいいころかな。

投票率を上げる作戦

アル　小さなアクションとしては、ネット署名もありますよね。オリンピック委員会の会長の森喜朗氏が女性差別発言をしたときは、15万筆以上の署名が集まって、彼は会長を辞任することになりました。2020年の検察庁法改正や2021年入管法改正は、ツイッターで抗議のハッシュタグ運動が盛り上がって、見送られる結果になりました。

田嶋　小さな声が集まると大きな声になる。まさに民主主義だよね。こうしてネットではアクションが盛り上がってるのに、なんで投票率は低いままなのか。2009年に政権交代したときは、投票率が上がったでしょう。投票率が低いほど、組織票の強い自民党に有利なんだから、とにかく投票率を上げないと。なにかいい作戦はないかな？

アル　今年（2022年）の参議院議員選挙も投票率は低かったけど、希望を感じた話もあります。国分寺市では若者が中心となって「国分寺の投票率を1位にプロジェクト」をやってるんですよ。

田嶋　たしか新聞で読んだ。どんな話だったっけ。

アル　発起人の20代の男性は、友人が奨学金の返済を苦に自殺しようとしたことをきっかけに「政治を変えなくては」と思って「投票率を高めれば、政治家は多様な民意に目を向けるはず」と考えたそうです。それで2年前から投票率を上げるための活動を始めて、たとえば選挙の話ができるコーヒー屋台を駅前で開いたり、投票に行った人にはアイスクリームをプレゼントしたりとか。

田嶋　なかなかやりますね。それで結果はどうなったの？

アル　なんと投票率が5％も上がって、（10万人以上の有権者がいる全国の自治体の中で）12位から3位に順位が上がったそうです。

田嶋　人はちゃんと応えたんだ。希望を感じる話だね！　ほんと年寄りのおじさんだけで政治をやってたら、年寄りに有利なことしかやらなくなる。それじゃ若者が満足できる生活を送れるわけないよね。そういう活動をする若い人たちをどんどん褒めて応援して、数を増やしていってほしいな。

アル　こんなんなんぼあってもいいですからね。

シングルイシュー政党を作る作戦

アル　こんなヘルジャパンに誰がした？と考えると、そりゃやっぱり自民党ですよね。民主党政権はたった3年しか続かなかったし。立憲民主党にも辻元清美[*19]さんや打越さく良[*20]さんや吉田はるみ[*21]さんといった推し議員はいるんですよ。でも立憲はどんどん右に寄ってるし、ぶっちゃけ中身はおじさんの党じゃないですか。ジェンダー平等を本気で進めてくれそうなのは共産党だけど、共産党が政権を取るのは想像できないし……単なるぼやきになってますけど、田嶋先生はどうしたらいいと思います？

田嶋　立憲民主党の女性議員たち、辻元さん、打越さん、吉田さんや、共産党の田村智子[*22]さん、吉良さん、池内さん、池川さんたちが一緒になって、そこで新議員のアルテイシアさんが加わって「若者党」「世直し党」「おんな子ども党」とかみたいなのを作って、若い人たち、女性、子どものこと、それこそ十分に扱われていない奨学金から賃金から貧困の問題をやるといいね。ジェンダーや若い人や子どもの貧困問題に徹底して取り組む政党ができるのが理想だけど。

アル　スウェーデンのフェミニスト党とか、韓国の女性の党みたいな？

田嶋　どうだろうね。それだと日本の場合、昔フェミニストが誤解されてたようなイメージができちゃうから、難しいかも。

アル　たしかに、ここは男尊女卑ダンジョン・ヘルジャパンですから。だったらジェンダー平等党とか？

田嶋　とにかく何かいい名前をつけて、ジェンダーや若い人と子どもの問題を徹底してやるの。たとえば5つやることを決めて、それに関する政策案を作って法律を作って全部通す。それができたら党を解散するぐらいでいい。

アル　シングルイシュー政党ですね。

田嶋　そうそう。「この法律ができたら解散します」ってわかりやすいじゃない。複数の問題を一緒にしちゃうといろんな思惑がぶつかっちゃうから、シングルイシュー政党にするの。防衛とか他の分野で異なるところはあっても、ジェンダーや性差別に関すること以外は主張をしない。そうしたら意外と通るんじゃないかな。

アル　誰か作ってくんないかな。

田嶋　あなたがやる。

アル　私は無理です、まず素行が悪いので。有権者に票ハラとかされたら殴っちゃう。

田嶋　それでいい。そのうち票が欲しければ少しは大人しくなる。

アル　大人しくなるのかな（笑）。私の周りはタムトモさん、共産党の田村智子さんが人気ですね。私が司会をした「痴漢ゼロのしゃべり場3　政治から広がるシスターフッド！」[*23]にも出てくださったんですけど、周りの女性たちは「タムトモさんに党首になってほしい」って言ってます。

田嶋　田村さんをシングルイシュー政党に引き抜いちゃえばいいじゃない！

アル　絶対来てくれないと思いますよ（笑）。

田嶋　言ってみないとわかんないよ。「法律ができたら共産党に帰っていい」って条件で引き抜くの。

アル　そんな勝手なこと言っていいんですか。

田嶋　一度話してみる価値はあると思うんだけど。他にあなたの周りで人気の女性政治家ってどんな人がいる？

アル　今は議員ではないですが、元衆議院議員の池内さおりさんはすごい人気ですね。性暴力や性差別の問題に熱心に取り組んでいて、若い支援者も多いです。「池内さんがいるから共産党に入れた」って言う人もいっぱいいて……でも2021年の衆議院議員選挙で落選しちゃったんですよ。

田嶋　なんで落選？　票が取れなかったの？

アル　違うんです。池内さんは比例で惜敗率1位だったのに、党の独自ルールによって比例順位が3位だったために落選したんです。「女性議員を増やそう」といくらブチアゲても、現職のおじさんが優先されたら女性議員は増えないですよね。

田嶋　池内さおりさんに瑕疵《かし》というか落ち度はないんだから出てもらったらどうなの？　「ジェンダー平等」って言ってるのにひどいんじゃない!?　しっぽが出たね。口先だけじゃなく、本気でパリテを進めなきゃ。クオータ制的な考えだと、その場合は女性を優先にするよね。

アル　西原孝至監督のドキュメンタリー映画『百年と希望』でも、その問題をきちんと描いてましたし、小池晃さんも「党の課題として考えなきゃいけない」と話してました。そうやって批判を受け入れる姿勢は推せますよね。「批判されたら訴訟や」みたいな党とは大違い。維新のふり見て我がふりなおせ、ということわざがありますから。

田嶋　へえ。そんなことわざがあるんだ（笑）。

フェミニズムを前に進めるために

田嶋　フェミニズムというと、なんとなく中高年女性ががんばってるイメージがあるでしょ。でも、あなたの言葉は若い人たちを惹きつけると思う。読者に直接話しかけてる感じもして、そういう言葉を駆使できるフェミニストはめったにいないからがんばってほしい。それを有権者に向けて使ってほしい。私はすごく希望を感じる。

アル　ありがとうございます……(泣)。おかげさまで若い読者からの反響はたくさんいただきます。大学生の女の子が「アルさんのコラムを読んでフェミニズムや政治に興味を持つようになって、初めて投票に行きました」と感想をくれるとか。この前は中学生の男の子が「フェミニズムの意味を知らなかったけど、コラムを読んで自分もフェミニストだと気づきました」と感想をくれました。

田嶋　それってすごいことだよ。私たちの時代は自分が研究したり活動したりするので精いっぱいで「どうすれば伝わるか」まで考える余裕があまりなかった。だからフェミニズムのバトンがうまくつながらなかった部分はあると思う。

アル　上野千鶴子さんの『フェミニズムがひらいた道』[*24]で印象に残っているエピソードがあって。1998年出版の小林よしのり氏の漫画『新ゴーマニズム宣言SPECIAL戦争論』は大ベストセラーになりましたよね。上野さんが慰安婦問題の講演をしたときに、小林よしのり作品を読んでいる男子学生から「僕が知っている慰安婦と全然ちがっていた」と言われたそうです。上野さんが「わたしも本を書いているから読んでくれる？」と言ったら、彼は「先生たちの仲間に漫画を描ける人はいないの？」[*25]って。

田嶋　漫画の力はすごいからね。影響力がとんでもないと思う。

アル　その男子学生に上野さんが「ごめんね、芸がなくて。難しい本しか書けなくて」と答えたのも、せつないです。

田嶋　でも、上野さんはわかりやすい本も出してるでしょう。特に東大を退職してから、破竹の勢いの仕事っぷりはすごいと思う。

アル　上野さんも田嶋先生もすごいです。私はその年齢まで働けるのだろうか……。今でも夕方になると目が見えないのに、あと三秒前の記憶をなくすんですよ。

田嶋　眠ればいい（笑）。

アル　漫画の話をすると、フェミニズムやジェンダーをテーマにした作品もたくさんあります。それこそ『ベルサイユのばら』[*26]もフェミニズム的な作品だし、萩尾望都[*27]さん、山岸涼子[*28]

さん、大島弓子[*29]さんの作品も根底にフェミニズムが流れてますよね。よしながふみさんの『大奥』『愛すべき娘たち』や楠本まきさんの『赤白つるばみ』は正面からジェンダーやフェミニズムを描いてますし、最近読んでよかったのは、やまじえびねさんの『女の子がいる場所は』……って話し出したら三日三晩はかかりますけど（笑）。

田嶋　うん、うん。

アル　この前、池田理代子先生がインタビューで話してました。〈その頃の日本は完全なる男社会。編集部も男性ばかりでした。『ベルばら』にしても、当初は「おんな子どもに歴史ものなどウケない。理解できるはずがない」とひどい言い方で全否定されて。女性漫画家への風当たりも強く、原稿料は男性の半分。同じ媒体で、同じくらい人気があってもです。理由を尋ねると、「女は将来結婚して男に食わせてもらうんでしょう？　男はあなたたちを食わせなきゃいけないの。ギャラが倍なのは当たり前」と言われました。

田嶋　すごい時代ですよね[*30]〉

アル　テレビの世界も漫画の世界も同じだね。女性たちは逆風の中を必死でがんばってきた。道を切り開いてくれた先輩の言葉に、涙が出ましたよ……。作中にオスカルのこんなセリフがあるんです。〈自由であるべきは心のみにあらず!!　人間はその指先１本髪の毛１本にいたるまで　すべて神の下に平等であり自由であるべきなのだ[*31]〉。子どもの頃、この言葉にどれだけ勇気づけられたことか。漫画や本が私に自由や平等を教えてくれたんだと思います。

田嶋　当時からフェミニズムという言葉を使わなくても、フェミニズムを伝える作品があって、たくさんの人に届いていていたんだね。

アル　ここ数年は、あらゆる分野でフェミニズム的な作品が一気に増えました。『エトセトラVOL．2　We♥Love 田嶋陽子！』の責任編集をされた柚木麻子さん、山内マリコさんをはじめとして、女性作家によるジェンダーやフェミニズムをテーマにした小説はたくさんありますし、海外のフェミニズム本の翻訳もどんどん出てます。映画やドラマも話題になる作品が山のようにありますね。

田嶋　日本のすみずみにまでその空気は届き始めているんだ。フェミニズム作品が人気だからこそ、どんどん増えてるんだろうし。

アル　「フェミニズムを前に進めるために、自分にできることはありますか？」とよく聞かれるんですけど、そうした作品を応援することも立派なアクションですよね。作品を買って読んだり、レビューを書いたり、感想を呟いたり、リツイートやいいねをしたり。すると「今こういう作品が人気なんだ」と可視化されるじゃないですか。そしたらメディアのトップにいるおじさんたちも「金になるなら企画を通そう」ってなるから。

田嶋　うんうん。「金になるなら」、それがおじさんたちにはいちばんわかりやすいね。男の化粧品の場合と同じだね。

アル　金の匂いに敏感なおじさんたちは、それで判断しますよね。そうやってフェミニズム作品が増えていけば、社会全体のアップデートも進んでいくと思います。

田嶋　ネットで感想を見た誰かが「面白そう、買おうかな」と思ってくれるかもしれないし。そうやって一人ひとりが応援することが、フェミニズムのバトンをつないでいくことになるよね。それと、自分の生き方とか、フェミニズムを知ってどう生き方が変わったかとか、もっと自分を語るチャンスが増えるといいねぇ。私が知らないだけかもしれないけど。

田嶋先生と二階堂ふみさんの対談が尊い

アル　最近でいうと、田嶋先生と二階堂ふみさん[*32]の対談がめちゃめちゃ胸熱でした！

田嶋　あの人はなかなかの人だった。ちょっと先を行ってる人だよね。

アル　大人気の役者さんが田嶋先生と対談して、フェミニズムを語ってることに「尊い……」と感激しました。政治や慰安婦の問題にも触れていて、ものすごく勇気が必要だったと思います。

田嶋　彼女は叩かれることを覚悟のうえで話してたと思う。肝が据わってる人だったよ。彼女は真正のフェミニストだね。

アル　二階堂さんが田嶋先生の本を読んでいて、対談相手に希望されたんですよね。しかも二階堂さんがスタイリングも写真撮影もされたんですよね。ヴィヴィアン・ウエストウッドの衣装がおしゃれで最高でした！

田嶋　なんかすごい木靴を履かされた。びっくり。彼女が全部衣装を持ってきて撮影もしたの。私は朝ドラで知ったのかなー。紅白の司会をやってたことは知っていたけど（笑）。私がテレビによく出ていた頃は、タレントさんたちはテレビ局の廊下ですれ違っても、私のことを避けてたの。今は彼女のような役者さんの方から指名してくれて、あれだけの発言をするんだから、時代は変わってきてるよね。

アル　海外でいうと、エマ・ワトソン、レディー・ガガ、テイラー・スウィフト、アリアナ・グランデ……といった本当に多くの有名人が自分はフェミニストだと公言したり、フェミニズムに賛同したりしてます。憧れの大スターが「オッス、おらフェミニスト!」と胸を張っていたら、少女たちはエンパワメントされますよね。ベネディクト・カンバーバッチ[*33]やダニエル・ラドクリフをはじめとして、フェミニズムに連帯する男性もすごく多いです。

田嶋　日本の芸能界では、二階堂さん以外に誰かいるの?

アル　フェミニズム視点を持った発言をする人でいうと、ぱっと思い浮かぶのは水原希子さん、渡辺直美さん、小泉今日子さん、SHELLYさん、お笑い芸人のバービーさん、元アンジュルムの和田彩花さん、元AKB48の横山由依さん……思い浮かぶのは女性ばっかりなんですけど。

田嶋　SHELLYさんとは番組ご一緒しましたよ。たしか水原さんは映画プロデューサーを告発したよね。

アル　告発してましたね。性差別や性暴力について女性が声を上げると叩かれるけど、男性が同じこと言っても叩かれない現象があるじゃないですか。二階堂さんや水原さんが叩かれる覚悟で発信しているのを見習って、男性もがんばってほしいです！

日本の女性が怒れるようになった（#私たちは寛大すぎる）

アル　年上の女性の編集さんや記者さんから「数年前までフェミニズムやジェンダーの企画を出しても通らなかった、ここ数年の変化は本当に大きい」と聞きます。彼女らが男社会でド根性大根のようにがんばって、バトンをつないでくれたんですよね。

田嶋　このあたりから一気にフェミニズムが広がる気がするんだよ。今の女の人たち、みんな怒りは喉元まできている。誇りも権利意識も満ち満ちている。もうここまで来てるんだから。ただ国会の女性議員たちが3分の1は居てほしい。世の中ががらりと変わるのが見たい。

アル　この前、ツイッターで「#私たちは寛大すぎる」ってハッシュタグ運動が広がりました。結婚しない人が増えていることについて、自民党の政治家が「女性はもっと男性に寛大に」とトンチキ発言をしたことがキッカケです。この人は2019年にも少子化問題について「子供を3人くらい産むようお願いしてもらいたい」とか言って批判されたんですけど。

田嶋　はあ……まだそんなこと言ってるの？　とんでもないね。
アル　ジュラ紀生まれですか？みたいな政治家が多すぎますよね。
田嶋　もともと日本の女性は言いなりになりすぎたんだよ。日本の女性は世界一怒らなくて、それって世界一舐められてるってことだからね。
アル　海外の女性に比べて、日本の女性は声が高くて相づちが多いそうです。「そうなんですか、すごーい」っていう接客サービスが染みついてる。それだけ「女はいつも笑顔で愛想よく」という呪いが強いわけですよね。ちなみにフランスやドイツでは、無駄にニコニコしてる女性はアホと思われるそうです。
田嶋　ようやく日本の女性たちが怒れるようになった。自分たちが遠慮しすぎることに気づいた。これって歴史的な転換点じゃないの？
アル　ですよね。私は20代で田嶋先生の本を読んで「私、怒ってよかったんだ」と気づきました。その私が20年後に書いたコラムを読んで、今の20代の子が「怒ってよかったんだと気づきました」と感想をくれるんですよ。
田嶋　そうやってあなたがバトンをつなげてくれたんだ。私もがんばった甲斐があった。
アル　前に読者の子からこんなＤＭをもらったんです。
〈私は社会人2年目の会社員です。男性上司から「女に見えない」「お前なんか痴漢にあわない」と言われてきましたが、先日「傷つくのでそういうこと言うのはやめてください」と言い返すことができました。アルさんのコラムを読んで〝失礼なことを言われたら怒っていい〟と思えたから、行動を起こせました。コラムを読んでいなければ「こんなことで怒るなんておかしいかな」と行動できなかったと思います。上司は私が傷ついてると思ってなかったみたいで、謝ってくれました。いま私が元気に働けているのはアルさんのおかげです〉

これを読んで、私は思わず泣いてしまいましたよ……。

田嶋　うん、いいねぇ。人生が見えるねぇ。そうだよ、怒っていいんだよ。私がテレビに出ていた頃は、女は怒らないものだったから、私は日本中から叩かれた。でも女は人間だからね。

アル　理不尽なことをされて怒れるのは、まっとうな自尊心がある証拠ですよね。それを私に教えてくれたのが田嶋先生でした。怒る女の姿を見せてくれて感謝してます。

田嶋　フェミニズムは人権の話だから「自分はこんなひどいことされていい人間じゃない」と気づくのが始まり。だから怒れる自分に誇りをもっていい。怒れることは、それだけの感性や知性や能力があるってことだから。

アル　怒れる自分に誇りをもっていい……最高のメッセージですね。二の腕に彫りたいし、墓石に刻みたいです。『僕の狂ったフェミ彼女』を紹介するコラムで、私はこんな文章を書きました。〈スンジュンの言う〝普通の女の子〟は、男にとって都合のいい女、男社会に適応してわきまえた女だ。檻の中に閉じ込められても文句を言わず、主人に尽くして、いつも機嫌よく笑っている女だ。／「わきまえてたまるかよ！　我慢は限界タイムズアップ‼」と檻をぶち壊して、フェミニストに変身した彼女は、痛みを感じることも多いだろう。／でも殴られても痛くないふりをして笑っているよりは、ずっとマシなはず。／自由を手に入れた喜びがあるはず。〝自分〟を生きている実感があるはず〉[*34]

田嶋　そう、今までは痛くても我慢してきた女の人が多かった。その痛みに気づいて声を上げるのが「自分を生きる」ってこと。

アル　まさに「私のための、私が生きるためのフェミニズム」ですね。フェミニズムで女は救われるし、つながれる。今日はそれを改めて感じて、元気が出ました。本当にありがとうございました！

田嶋　こちらこそ、ありがとう。びっくりする話をたくさん聞けて、楽しかった。あなたの話を聞いて、ほんと初めて若くなりたいと思った。最近はシャンソンのコンサートや書アートの個展などで忙しくしているけど、アルテイシアさんが選挙に出るときは必ず応援に行きますからおしえてください。あなたは党首になれる人です。「天照党」でも「かぐや党」でも何でも作って党首になってください。応援します。変わる日本をはやく見せてください。あとひと山もふた山もあるかもしれないけれど、女性の社会進出はめざましいし、女性の自由度は着実に上がっている。その結果、社会は子どもの人権にも目配りできるようになっている。将来の日本を背負うのは子どもたち。女性の人権とともに子どもの人権の尊重も実現されるといい。

第5章注釈

＊1【上野千鶴子】1948年－／フェミニスト・社会学者／『女ぎらい』（紀伊國屋書店→朝日新聞出版）、『女の子はどう生きるか　教えて、上野先生！』（岩波書店）等。

＊2【小倉千加子】1952年－／心理学者・フェミニスト・保育士／『結婚の条件』（朝日新聞社）、『草むらにハイヒール　内から外への欲求』（いそっぷ社）等。

＊3【斎藤美奈子】1956年－／文芸評論家／『妊娠小説』（筑摩書房→ちくま文庫）、『挑発する少女小説』（河出書房新社）等。

＊4【田房永子】1978年－／漫画家／『男社会がしんどい　～痴漢だとか子育てだとか炎上だとか～』、『キレる私をやめたい　～夫をグーで殴る妻をやめるまで～』（竹書房）等。

＊5【『上野先生、フェミニズムについてゼロから教えてください！』】（大和書房）。母娘問題や結婚・出産・子育て、フェミニズムなどについて二人が語り合った対談本。

＊6『上野先生、フェミニズムについてゼロから教えてください！』（大和書房）p160。

＊7『愛という名の支配』（新潮社）p238。

＊8『フェミニズムに出会って長生きしたくなった。』（幻冬舎）p339。

＊9【レフ・トルストイ】1828－1910年／ロシアの小説家・思想家／『戦争と平和』『アンナ・カレーニナ』等。

＊10【トーマス・マン】1875－1955／ドイツ出身の小説家・評論家／『ブデンブローク家の人々　ある家族の没落』『トニオ・クレーゲル』等。

＊11【ギ・ド・モーパッサン】1850－1893年／フランスの作家・詩人／『女の一生』『脂肪の塊』等。

＊12【ヘンリック・イプセン】1828－1906年／ノルウェーの劇作家・詩人／『人形の家』『ブラン』『ペール・ギュント』等。

＊13【石川優実】1987年―／俳優・アクティビスト／『#KuToo（クートゥー）――靴から考える本気のフェミニズム』（現代書館）、『もう空気なんて読まない』（河出書房新社）。
＊14『もう、「女」はやってられない』（講談社）「自分の足を取りもどす」p54。
＊15【北原みのり】1970年―／作家・活動家／『日本のフェミニズム』（河出書房新社）、『メロスのようには走らない。―女の友情論―』（ベストセラーズ）等。
＊16【松尾亜紀子】1977年―／編集者・フェミニズム専門出版社「エトセトラブックス」代表。
＊17【『告発と呼ばれるものの周辺で』】（亜紀書房）。
＊18『男が痴漢になる理由』（イースト・プレス）斎藤章佳著。
＊19【辻元清美】1960年―／参議院議員。
＊20【打越さく良】1968年―／参議院議員。
＊21【吉田はるみ】1972年―／衆議院議員。
＊22【田村智子】1965年―／参議院議員。
＊23「痴漢ゼロのしゃべり場3　政治から広がるシスターフッド！」のリンク（https://www.youtube.com/watch?v=q2wbOqCoUN4）
＊24【『フェミニズムがひらいた道』】（NHK出版）。第1～4波のフェミニズムについて解説されている本。
＊25『フェミニズムがひらいた道』（NHK出版）p83―84
＊26【『ベルサイユのばら』】池田理代子による漫画。フランス革命前～フランス革命前期のベルサイユが舞台の史実をベースにしたフィクション作品。
＊27【萩尾望都】1949年―／漫画家／『トーマの心臓』、『ポーの一族』（小学館）等。
＊28【山岸凉子】1947年―／漫画家／『日出処の天子』（KADOKAWA）、『青青の時代』（講談社）等。
＊29【大島弓子】1947年―／漫画家／『バナナブレッドのプディング』、『綿の国星』（白泉社）等。

＊30『婦人公論．ｊｐ』より２０２２年10月18日公開（https://fujinkoron.jp/articles/-/6730）。

＊31『ベルサイユのばら』（集英社文庫）４巻ｐ３１５。

＊32【二階堂ふみ】１９９４年－／俳優・タレント・写真家／『ＥＬＬＥ』での田嶋先生との対談記事（前編：https://www.elle.com/jp/fashion/fashion-column/a39962288/focus-on-vol17/）２０２２年５月24日公開。（後編：https://www.elle.com/jp/fashion/fashion-column/a39964892/focus-on-18/）２０２２年６月６日公開。

＊33【ベネディクト・カンバーバッチ】１９７６年－／イギリスの俳優。

＊34「男と女、狂っているのはどっち？」２０２２年７月１日更新（https://www.gentosha.jp/article/21271/）

LET'S
DISCUSS FEMINISM!!

一人一人の経験をベースにフェミニズムは語れるのよね。フェミニズムって言葉を知らなくても、専門的に学んだわけじゃなくても。一番大切なことは、その人がどうありたいかだから。それを推し進めるとフェミニズムのエッセンスに行きつく。

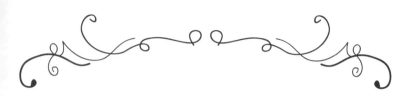

（田嶋陽子）

理不尽なことをされて怒れるのは、まっとうな自尊心がある証拠ですよね。それを私に教えてくれたのが田嶋先生でした。怒る女の姿を見せてくれて感謝してます。

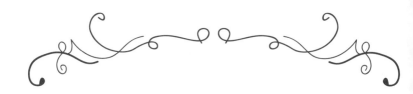

（アルテイシア）

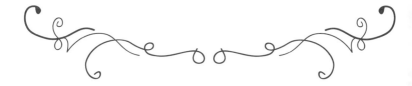

田嶋先生へ

先生と対談したのは夏だったのに、あっという間に冬ですね。中年になると、光陰光ファイバーの如しです。

尊敬する大先輩にフェミニズムを語るなんて「蛮勇」と呼ぶしかありませんが、先生とフェミトークできて本当に幸せでした。10代の私に教えてあげたらどんな顔をするでしょう。きっと「は？　何言ってんの、つかおばさん誰」と険しい顔をして、ヘタすると投げ飛ばされると思います。当時の私は人生ハードモードすぎて、世界を呪っていたので。

先生と同じように、私も母に愛されたいのに愛されなくて悲しかった。母を愛したいのに愛せなくて苦しかった。私が33歳のとき、母が拒食症で死にかけて入院しました。ICUで管につながれた母はミイラのように痩せ細り、意識障害を起こしていて、私のことを「中曽根さん」と呼びました。とっさに「やあ大統領、ロンと呼んでいいかな？」と中曽根さんらしく振舞いながら「今の母なら愛せる」と思いました。弱りきった母なら私を傷つけないから。

私が幼い頃の母は気の強い美人で、父といつもケンカしていました。また「結婚式のドレスは自分でデザインしたの、白無垢は私には似合わないから」と得意げに話していました。花嫁の白無垢には「相手の色に染まるよう真っ白のまま嫁ぐ」という意味があり、角隠しには「怒りを象徴する角を隠すことで、従順でしとやかな妻となる」という意味があるそうですね。わがままで気の強い母は相手の色に染まれないし、自分の角も隠せない女だったのでしょう。それは彼女に自我があったからで、自我はあるのに自立できない地獄を生きていたのでしょう。

対談で話したように、20代の女友達のお母さんは、先生の本を読んで離婚を決めました。モラハラ夫との地獄の結婚から抜け出して、自分がいま幸せなのは先生のおかげだと感謝しているそうです。

別の20代の女友達からはこんな話を聞きました。彼女はいわゆる宗教二世で、信仰の強要から逃げるため18歳で家を飛び出しました。お母さんは宗教の教えを守り、良妻賢母として家事育児も完璧にこなし、モラハラ夫にも尽くし、宗教活動にも熱心に取り組み、いつも疲れ果てていたそうです。その母親がパートを始めたところ、宗教勧誘で鍛えた営業力で契約を取りまくり、正社員にスカウトされたんだとか。「母は今フルタイムでバリバリ働いて、会社の同僚とも仲良くやってます。稼げるようになった母にびびって父はおとなしくなったそうで、こんなに元気で楽しそうな母を初めてみました」と彼女は言います。そのうち母親は宗教の話をしなくなり、母娘は普通に付き合えるようになったんだとか。

私はこの話を聞いて、悔しくなりました。私なんて自分の世話だけで手いっぱいなのに、家事育児宗教のマルチタスクをこなすお母さんは、めちゃめちゃ優秀な女性なのでしょう。そんな女性を認めてくれる居場所が宗教しかなかった。女も働いて自立できる時代に生まれていれば、お母さんの人生は違っていたでしょう。母たちはみんな家父長制の檻に囚われた被害者です。その母に苦しめられる子どももまた被害者です。そのことを私は先生の本で学んで救われました。

うちの母も先生の本に出会っていれば……と思うけど、彼女は本を読まない人でした。絵本の読み聞かせをしてもらった記憶もなく、そもそもうちには本棚すらなかった。私は図書館で借りた本をモリモリ読んでいて、その本たちに育ててもらいました。

そして先生の著書をきっかけにフェミニズムの本を読むようになり、現在の私が仕上がりました。ある意味、フェミニストの先輩たちが私にとってはイマジナリー母的な存在です。「こんな娘産んだ覚えないよ！」と言われそうですが、私はリアル母の葬式では泣かなかったけど、先生の葬式ではわんわん泣くでしょう。縁起でもないことを書いてすみません。

私は先生の正々堂々と怒るところが好きです。対談の合間に「最近おとなしくしてたけど、もうちょっとケンカしていかないと」と呟いていた姿が印象的でした。伝説の女番長みたいで痺れました。

他にも好きなところをあげるとキリがないけど、一番好きなのは楽しそうなところです。60

代でシャンソン、70代で書アートを始めて、コンサートや個展を開き、80代になって社交ダンスを再び習ってコンサートで踊ったり。かと思うと、散歩中に犬友ができて、その犬の名前をメモして覚えたり。鮮やかなオレンジ色の車を運転して、おしゃれなファッションを着こなす大先輩を見ていると「フェミニストって楽しい！」と思えます。

私も先生のように人生を楽しんで、フェミニストのイメージが自由で愉快でポジティブなものになると嬉しい。じゃないとフェミニズムが前に進まないから。そうやって先生がつないでくれたバトンを次世代につなぎたいです。

「あなたと話して、はじめて若くなりたいと思った」
「怒れる自分に誇りをもっていい」

先生がかけてくれた言葉は私の宝物になりました。いっぱい励ましてくれてありがとうございます。これまでもこれからも大好きです。

２０２２年12月　アルテイシア

【田嶋陽子の本】

『フィルムの中の女―ヒロインはなぜ殺されるのか』（1991年新水社）

※『新版　ヒロインは、なぜ殺されるのか』（KADOKAWA）として2023年3月発売予定

『愛という名の支配』（1992年太郎次郎社　※新潮文庫から発売中）

『もう、「女」はやってられない』（1993年講談社）

『恋をしまくれ―私の体験的恋愛論』（1994年徳間書店）

『だから、なんなのさ！―史上最強の田嶋語録』（1995年テレビ朝日）

『田嶋陽子が人生の先達と考える　女の大老境』（1997年マガジンハウス）

『だから、女は「男」をあてにしない』（2001年講談社）

『もう男だけに政治はまかせられない』（2003年オークラ出版）

『女は愛でバカになる』（2003年集英社be文庫）

『田嶋陽子の我が人生歌曲』（2012年田嶋陽子女性学研究所）

※本書は2022年7月に行われた対談をもとに構成しています。

田嶋陽子（たじま・ようこ）Yoko Tajima

1941年、岡山県生まれ。津田塾大学大学院博士課程修了。元法政大学教授。元参議院議員。英文学者、女性学研究家。フェミニズム（女性学）の第一人者として、またオピニオンリーダーとして、マスコミでも活躍。近年は歌手・書アート作家としても活動。著書に『愛という名の支配』（2022年に韓国版、23年に中国版が刊行予定）など。23年3月、『新版　ヒロインは、なぜ殺されるのか』が復刊予定。

アルテイシア（あるていしあ）Artesia

1976年、神戸市生まれ。大学卒業後、広告会社に勤務。2005年に『59番目のプロポーズ』で作家デビュー。著書に『フェミニズムに出会って長生きしたくなった。』『モヤる言葉、ヤバイ人 自尊心を削る人から心を守る「言葉の護身術」』『自分も傷つきたくないけど、他人も傷つけたくないあなたへ』『ヘルジャパンを女が自由に楽しく生き延びる方法』など。

装丁　佐藤亜沙美（サトウサンカイ）　撮影　冨永智子　DTP　暁和
校正　鷗来堂　構成　雪代すみれ　編集　波多野公美

楽しかったわ！
アルテイシアさん
推し！

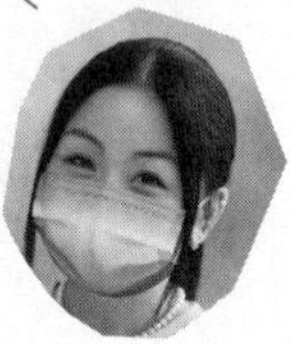

ありがとう
ございました！

田嶋先生《たじませんせい》に人生救《じんせいすく》われた私《わたし》が
フェミニズムを語《かた》っていいですか!?

2023年2月24日　初版発行

著　者　田嶋陽子《たじまようこ》・アルテイシア
発行者　山下直久
発　行　株式会社 KADOKAWA
〒102-8177　東京都千代田区富士見 2-13-3
電話 0570-002-301（ナビダイヤル）
印刷所　凸版印刷株式会社

本書の無断複製（コピー、スキャン、デジタル化等）並びに無断複製物の譲渡及び配信は、著作権法上での例外を除き禁じられています。また、本書を代行業者などの第三者に依頼して複製する行為は、たとえ個人や家庭内での利用であっても一切認められておりません。

◎お問い合わせ
https://www.kadokawa.co.jp/
（「お問い合わせ」へお進みください）
※内容によっては、お答えできない場合があります。
※サポートは日本国内のみとさせていただきます。
※Japanese text only

定価はカバーに表示してあります。
©Yoko Tajima and Artesia 2023 Printed in Japan

ISBN978-4-04-605972-7 C0095